KB203548

화창한 봄날에 코끼리 아저씨가

가랑잎 타고서 태평양 건너갈 적에

고래 아가씨 코끼리 아저씨보고

첫눈에 반해 스리슬쩍 윙크 했대요.

당신은 육지 멋쟁이 나는 바다 예쁜이

천생연분 결혼합시다 어머 어머 어머 어머~~

...

한 남자와 한 여자가 만나 사랑을 합니다.

뜨거운 감정을 느꼈고 사랑한다 속삭였지요.

하지만 사랑이 이렇게 힘든 건줄 미처 몰랐습니다.
누구도 사랑이 아픈 거라고, 나를 포기하는 거라고
말해 주지 않았거든요.

어쩌면,

사랑은 **나**를 버리는 것에서 시작하는 건지도

모르겠습니다. 진짜 사랑을 하려는 당신에게

이 책을 드립니다.

코끼리 아저씨와 고래 아가씨 결혼 탐구서

코끼리 아저씨와
고래 아가씨 결혼 탐구서

| 지은이 | 한병선 |
| 펴낸이 | 정애주 |

편집	송승호 이현주 한미영 황교진 김기민 김준표 오은숙 유진실
미술	김진성 문정인 송하현 최혜영
제작	홍순흥 윤태웅
영업	오민택 차길환 국효숙 이진영
관리	이남진 안기현
총무	정희자 마명진 김은오

| 찍은날 | 2010. 07. 29. 초판 1쇄 인쇄 |
| 펴낸날 | 2010. 08. 06. 초판 1쇄 발행 |

펴낸곳	주식회사 홍성사
	1977. 8. 1.등록/제 1-499호
	121-897 서울시 마포구 합정동 369-43
	TEL. 02) 333-5161 FAX. 02) 333-5165
	http://www.hsbooks.com
	E-mail: hsbooks@hsbooks.com

ⓒ 한병선, 2010

ISBN   978-89-365-0829-6

값 12,000원

코끼리 아저씨와
고래 아가씨
결혼 합시다

한병선 지음

홍성사.

살아 본 사람이 쓰는
연애와 결혼 이야기

　내가 그를 처음 만난 건 지금부터 10년도 훨씬 넘은 1998년 초 홍대 인근에서였던 것 같다. 당시는 첫 번째 '기독교사대회'를 준비하느라 여념이 없을 때였다. 30대 초반의 젊은 기독교사들 몇이 모여 전국적으로 1,000명의 기독교사들을 모아 대회를 치르겠다고 달려들었지만 제대로 아는 것도 가진 것도 없이 좌충우돌하고 있을 뿐이었다. 그러다 보니 교계 여기저기를 들쑤시면서 무조건 도와달라고 손을 내밀고 돌아다니는 그야말로 교계의 앵벌이(?)였다. 한병선 대표도 그때 앵벌이하다 만났다.

　그는 대학 시절과 졸업 직후 IVF 미디어팀 간사로 근무하다가 결혼 후 남편과 미국에 살다가 귀국한 지 얼마 되지 않은 아이 둘의 엄마였다. 실비도 채 되지 않을 낮은 비용을 제시하면서 기독교사들의 마음을 움직일 수 있는 탁월한 영상을 만들어 달라는 황당한 부탁에 그는 순순히 응했다. 아마 영상을 통해 하나님 나라를 확장하고자 하는 그의 비전이 우리의 부탁에 맞닿았기 때문이었을 것이다.

네 개의 슬라이드가 돌아가는, 당시에도 잘 사용하지 않던 낡은 장비를 활용했음에도 그의 영상은 기독교사대회에 참석한 선생님들의 아픈 마음을 정확히 만져 주었다. 이후 그는 기독교사대회의 붙박이 영상 제작자이자 사진 담당 협동 간사로 함께 일하게 되었다. 교사라는 폐쇄적인 동질 집단 속에서 교사가 아닌 사람이 적응하기 쉽지 않을 텐데도, 그는 다양한 사람들의 마음을 얻으며 여러 층위의 사람들과 교제권을 형성하고 있었다.

2003년 나는 좋은교사운동의 기관지인 월간 〈좋은교사〉의 편집장을 맡았다. 그리고 그 다음 해인 2004년 1월호부터 '한병선의 프로포즈'라는 꼭지를 신설해서 그에게 미혼 청년들을 위한 성과 연애, 결혼과 관련된 글 연재를 부탁했다. 결과는 대박이었다. 그의 글은 곧 최고 인기 연재 글이 되었다. 이 책은 이러한 많은 〈좋은교사〉 독자들의 호응 가운데서 나오게 되었다.

그리스도인의 이성교제와 결혼에 관해 수많은 책들이 나와 있지만 그의 글은 기존의 책들과 확실히 구별되는 점이 있다. 우선 그의 글은 이성교제와 결혼에 대하여 보통의 그리스도인 미혼 남녀가 가진 구체적인 고민과 현실적인 아픔에서 출발한다는 것이다. 더군다나 이 글에는 딴 나라 이야기가 하나도 없다. 모두 우리 문화와 한국 교회나 선교단체가 갖는 특수한 상황에서 나온 이야기들이다. 그래서 글을 보는 순간 '아니, 이건 내 이야기인데', '어! 이 고민은 나만의 고민이 아니었네'라는 느낌을 갖게 한다.

그의 글의 또 다른 차별점은, 이성교제나 결혼과 관련하여 교리나 원리가 아니라 살아 본 사람의 이야기를 하고 있다는 것이다. 그래서 이 글에는 사랑의 아름다움에 대한 묘사가 없다. 오히려 구체적인 연애와 결혼의 현장 가운데서 사랑이 어떤 모습으로 드러나고 어떤 대가를 요구하는지를 생생하게 묘사한다. 그리고 성경적 원리를 강조하기보다는 보통 사람들이 어떤 부분에서 잘 넘어지는지 그리고 성경의 원리와 현실에서 나타나는 우리의 연약함 사이의 간격을 어떻게 메워가야 할지에 대해 실천 가능한 스텝을 제시한다. 그래서 그의 글을 읽다 보면 이성교제와 결혼이 구체적인 삶의 한 부분으로 다가온다. 그리고 이성교제와 결혼이 내 삶의 다른 부분과 분리된 특별한 세계가 아니라 지극히 일상적인 삶의 한 부분이고, 내 삶의 전 영역에서 하나님께 반응하며 살아야 하듯 하나님께 반응하는 한 모습임을 자연스럽게 깨닫게 된다.

　무엇보다 그의 글의 장점은 이성교제나 결혼과 관련하여 우리 모두가 갖고 있는 이중성과 허위의식을 그대로 드러내되 이를 비난하지 않고 따뜻하게 품는다는 것이다. 이러한 현실을 충분히 이해하고 공감하는 가운데 그러한 선택이 가져올 수 있는 현실과 책임을 이야기하면서 좀더 정직하고 책임있는 선택으로 이끌어간다. 그래서 그의 글을 읽다 보면 우리가 갖고 있는 환상이 깨어지는 아픔이 느껴지지만, 다른 한편 현실의 본질과 맞닥뜨리는 데서 오는 자유함이 있다. 그리고 그러한 자유함 가운데서 현실의 장애를 극복할 수 있는 힘과 용기를 얻게 된다.

그는 몇 년 전부터 '한병선의 영상 만들기'라는 이름으로 독립해서 교계와 여러 비영리 단체들의 영상 제작 작업을 감당하고 있다. 그야말로 '영상을 통한 하나님 나라의 확장'이라는 그의 비전을 마음껏 펼쳐가고 있다. 무엇보다 하나님이 허락하신 영적 직관력이 그의 영상이 갖는 힘이다.

이와 별도로 그는 다양한 사람들의 삶에 대한 애정, 사람들이 겪는 고민과 아픔에 대한 깊은 공감을 바탕으로 주변 사람들을 돕는 일을 계속하고 있다. 이 책은 미혼 청년 그리스도인들이 느끼는 아픔과 고민들에 대한 그의 공감과 섬김의 작은 결과이자 또 하나의 출발점이 되리라 생각한다. 이 책을 통해 또 이 책을 계기로 미혼 청년뿐 아니라 다양한 모양으로 아파하고 힘들어하는 그리스도인들에게 그 아픔의 본질을 꿰뚫어보고 그것을 이길 수 있는 힘을 주는 사역을 더 활발하게 펼쳐가길 기원한다. 하나님이 그를 그렇게 인도하고 사용하실 것이라 믿는다.

정병오 _좋은교사운동 대표

결혼, 인생의 깊이를 더하는 새로운 지평

결혼은 해도 후회, 안 해도 후회라고 한다. 비교적 젊은 나이에 '대학 시절의 사랑'과 결혼한 나는, 결혼의 의미에 대한 깊은 이해와 준비도 없이 결혼 생활을 시작했다. 지난 세월 많은 시행착오와 실수들을 저지르면서 결혼한 사람들이 느끼는 후회가 어떤 것인지도 알게 되었고, 결혼을 통한 기쁨과 성숙과 결실이 무엇인지도 경험했다. 결혼은 이처럼 두 얼굴을 갖고 우리를 찾아온다.

한병선, 김영수 부부도 나와 같은 우여곡절을 겪어 왔다. 그 부부가 살아온 과정을 어느 정도 알고 있기에 《코끼리 아저씨와 고래 아가씨 결혼 탐구서》라는 책의 출간 소식에 나는 호기심과 반가움이 교차했다. 책의 내용을 살펴보면서 나는 이 책이 많은 이들에게 도움과 유익이 될 것을 믿게 되었다.

병선, 영수와 그들의 자녀 진혁, 진비, 이들은 신림동 골목길에서 마주치는 평범한 우리네 이웃이다. "아이들 교육 잘 시켜서 명문대에 진학시켰고, 머리가 될지언정 꼬리가 되지 않았다"는 식의 간증을 하기에는 아직 아이들도 어린 편이다. 기독출판시장의 주류가 된 수기, 간증류 책들의 '예수 믿고 형통하고, 출세한 기독교 성공 신화'와는 거리가 멀다. 이런 평범한 이들의 이야기가 특별한 것은 남들 다 겪는 지지고 볶는 결혼생활의 고충과 아픔을 솔직, 담백, 유쾌하게 풀어내어, 평범한 남편들과 아내들의 마음을 잘 대변해 주었기 때문이다.

젊은이 사역을 계속하면서 느끼는 것은, 청년들이 결혼을 하면 그들과의 대화 주제가 훨씬 더 풍성해진다는 점이다. 공감대가 늘어나면서 이제 진정한 인생 이야기가 시작되는 느낌이다. 결혼은 이렇듯 우리에게 인생의 깊이를 더하는 새로운 지평이다.

나는 이 책이 결혼이라는 '과정'에 대한 새로운 시각을 제시하고 결혼과 인생의 마라톤을 완주할 소망을 줄 것이라 기대한다. 결혼생활이 평범하고 고통스럽고 별로 자랑스러운 결실도 없는 것 같아 결혼에 대한 회의, 이혼의 유혹에 시달리는 이 땅의 많은 부부들에게 이 책은 시원한 생수가 될 것이라 믿는다.

김중안 _(사)한국기독학생회IVF 대표

내 눈물을 길어
네 행복의 마중물로 부으렴

교회 안에 노처녀 노총각이 무지하게 늘었다. 그런데 문제는 이들을 모태솔로의 음침한 골짜기에서 건져줘야 할 목회자들이 노처녀 노총각의 백팔번뇌를 다룸에 있어 숫처녀 숫총각이나 다름없다는 거다. 노老청년들은 돈 문제, 섹스 문제와 같은 민감한 사안을 목마르게 나누고 싶어 하는데 목회자들은 너무 '경건해서' 모세가 시내산에 올라가 구름 잡는 얘기만 늘어놓는다. 게다가 목회자들은 대부분 신앙 좋고 인기 있는 청년 시절을 보낸지라 나이는 먹고 사람은 없는 청년부 노땅들의 사정을 제 것처럼 헤아릴 재량이 없다. 대신 늘 그렇듯 몇 가지 빤한 원리를 강조한 다음, 기도 아주 세게 하라며 비장한 표정을 짓는다. 그러다 보면 리브가가 이삭에게 먼 길을 찾아왔듯이 배우자 될 사람이 제 발로 걸어올 거라고, 야곱이 형을 피해 도망간 곳에서 사랑에 빠졌듯이 생각지도 않은 자리에서 만남이 이뤄질 거라고 한다. 이런 식이니 교회의 노老청년들은 목회자와의 상담을 십대가 부모에게 성교육 받는 것과 동급으로 취급한다. 부모에게 "몸 간수 잘해라!"는 엄포만 지겹게 듣듯이 목회자에겐 "기도하고 자기 계발해라"는 원칙만 무한반복기능으로 듣게 된다.

그런데 우리네 삶은 이런 교리나 원리가 아닌 자잘한 이야기에 의해 빚어진다. 이야기 신학자들narrative theologians의 통찰을 빌리자면 회심과 구원이란 세상 이야기로 빚어진 사람이 하나님의 이야기를 접한 다음 옛 이야기를 버리고 새 이야기로 갈아타는 것이고, 나중엔 그 이야기 자체가 되어버리는 것이다. 마찬가지로 그리스도인의 연애와 결혼이란 세상에서 상식과 통념으로 간주되는 사랑 이야기 대신 하나님의 큰 사랑 이야기를 빼닮은 둘만의 작은 사랑 이야기를 지어가는 것에 다름 아니다. 그런데 한국 교회에 삶의 원리에 대한 강론은 넘치되 삶을 살아낸 이야기는 턱없이 부족한 것처럼, 이성교제나 결혼을 다룬 책도 이상을 제시하고 원리를 가르치는 데에는 능숙하되 살 내음 나는 이야기를 들려주는 데에는 여전히 서툴다.

모범답안은 있으되 그 답안을 이야기로 풀어 내는 솜씨와 서로 사맛디 아니할새 이런 견차로 어린 백성이 사랑코자 할 맘 있어도 제 뜻을 실어 펴지 못할 놈이 많더라. 내 이를 어엿비 여겨 우리 부부의 실제 사랑 이야기를 담은 《밀월일기》(복있는사람)를 냈다. 고등학교 시절부터 10년간 연애를 한 전력 때문인지, 신혼시절의 풋풋한 사랑을 지나치게 고운 문장에 담아낸 탓인지 자고 일어나니 졸지에 로맨틱한 남자의 대명사가 돼버렸고, 같은 수컷들에게는 '공공의 적' 내지 '가정파괴범'으로 낙인이 찍혀버렸다. 이 책에도 '박총 부부를 부러워하지 말라'는 남우세스런 글이 한 꼭지를 차지하고 있으니 말이다. 우리 부부도 대한민국의 여느 부부들과 다름없는 감정적·경제적 메마름 속을 지나갔고 그 속에서 사랑을 일구기 위한 대가를 치렀다고 강변했음에도 사람들의 기억에는 늘 그렇듯 "오래 오래 행복하게 살았답니다"는 동화적 결말만 남는 것 같다. 그래서 《밀월일기》는 사람들의 맘속에 사랑의 기운을 한껏 일게 하는 따뜻한 역할만 잘 해주길 바라며 미련을 접었고, 대신 누군가가 결혼 전후를 둘러싼 까칠한 보푸라기를 능숙한 솜씨로 다뤄 주면 좋겠단 생각을 해왔었다.

이런 마당에 병선 누나의 책이 나왔다. 한병선은 나를 포함한 여느 결혼가정사역자들처럼 자신이 행복한 결혼 속에 거하고 있음을 보여주려는 대신, 날마다 결혼생활이 힘들어 사투를 벌이고 언제나 이혼이란 단어가 주위를 맴돈다는 숙연한 고해를 한다. 그러한 진솔함에는 이 땅의 모든 인생 후배들에게 자신이 겪은 아픔을 조금이라도 덜 겪게 하려는 간곡한 마음이 배여 있다. 자신의 눈물을 길어 행복의 마중물을 붓게 하고픈 한병선의 진심이 닿아오자 나도 모르게 마음의 옷깃을 여미게 되었다.

"나는 한 사람을 진정으로 사랑하기 너무도 힘들다는 것을 알게 되었고 그것으로 인한 여러 가지 파열음을 경험하면서 내가 포기하고 싶을 때마다 그것을 원치 않는 하나님을 기억하며 간신히 마무리를 해나갔다"는 그녀. 바로 이러한 경험의 우물에서 퍼 올린 한병선의 말은 활어처럼 팔딱팔딱 뛰는 현실을 담고 있으면서도 넉넉히 신앙적이고, 성경의 원리에 깊이 닻을 내리고 있으면서도 전혀 진부하지 않은 놀라운 균형감각을 보여준다. 바울이 "과부들은 자기 뜻대로 결혼하되 주 안에서 할지니라", "성적 욕구를 참을 수 없거든 결혼하라"고 한 것이 당대에 엄청나게 실제적인 조언이었듯 한병선이 우리에게 들려주는 이야기가 바로 그러하다. 아마 교계에서 결혼의 현안을 이 정도로 핍진하게 다룬 책은 처음일 것이다. 글을 읽는 내내 많이 감탄했고 또 많이 웃었다.

늦게 배운 도둑질이 무섭다고, 부디 이 책을 읽는 모든 독자들이 늦게 배운 연애질, 늦게 눈뜬 결혼생활이 더 무섭다는 말을 부러운 미소와 함께 주위에서 합창으로 듣게 되기를 두 손 모아 축복한다. 우리들 모두의 청춘과 결혼에 불꽃같은 사랑이 있으라!

박총 _《밀월일기》,《욕쟁이 예수》 저자

나는 팁^{TIP} 주는 여자다

나는 상담 전문가나 부부치료 전문가나, 목회자나 사모님이 아니다. 흔히 말하는 잘 나가는 결혼 사역자도 아니다. 도리어 결혼생활이 힘들어서 매일매일 사투를 벌이는 사람이다. 19년의 결혼생활 속에서 하나님의 뜻이 뭘까를 고민하고 생각하고 실천하고 포기하기를 반복하며 힘겹게 결혼을 유지해 가는 평신도일 뿐이다. 언제나 이혼이란 단어가 내 주변을 맴돌면서 나를 유혹했고 지금도 유혹하고 있다. 마치 매일매일 칼날 위에 사는 것 같아 나는 고민했고 절망했고 힘겨워했다. 그런 나의 한계를 보면서 기독교인, 여자, 그리고 한국이란 상황에서 어떻게 결혼을 생각하고 고민하고 결정해야 될지 몇 가지 팁^{TIP}이 생겼다. 그랬더라면 좀 덜 힘들었을 걸 하는 지혜도 생겼다. 내가 하지 못한 것들, 나의 한계들, 나의 미련들을 보면서 여러분은 그렇게 살지 않기를 바라며 이 글을 쓰게 되었다.

결혼생활을 할수록 내가 죄인이며 이기적인 인간이라는 사실을 뼈저리게 알게 되었다. 그리고 지독히 연약해서 하나님의 은혜가 아니면 살 수 없는 존재라는 것도 늘 기억해야 했다. 한 사람을 진정으로 사랑하기가 너무도 힘들며, 나의 연약함으로 여러 가지 파열음을 경험하기도 했다. 하지만 포기하고 싶을 때마다 다시 힘을 주시고 포기를 원치 않으시는 하나님을 경험했다.

이 책은 나의 한계를 극복하려는 의미에서 나에게 주는 충고이기도 하다. 내가 성숙한 인간이었거나 괜찮은 인간이었다면 그렇게 힘들거나 고생하지 않았을 것을, 내가 미흡하고 고집 세고 문제 있고 변하기 힘든 인간이었기에 더 많은 노력과 에너지가 들어간 것 같다. 사실 내가 하는 많은 일보다 결혼생활이 나에게 훨씬 많은 에너지를 쏟게 했다. 그러면서 하나님은 나를 볼 때 내일의 결과보다 나의 삶 자체를 보신다는 걸 결혼생활을 통해 알게 되었다. 내가 허다한 일을 할지라도 완성된 결과물을 보시는 게 아니라 내가 얼마나 나를 버리려고 노력했는지를 보시는 하나님임을 알게 되었다. 그래서 늘 힘들다.

이 책은 아주 우연하게 세상에 나오게 되었다. 처음에는 기윤실 교사모임 사이트에 미혼 남녀들에게 결혼에 대해 소개하는 것으로 시작되었다. 결혼에 대한 솔직한 이야기에 반응은 뜨거웠다. 그리고 2004년부터 지금까지 한 달에 한 번 혹은 두 달에 한 번씩 〈좋은교사〉에 연애와 결혼에 대한 시시콜콜한 이야기를 연재한 것이 이 책의 모태가 되었다.

그런 내용들을 한 권의 책으로 엮어지게 된 것은 홍성사 오은숙 씨 덕분이다. 그녀는 내 글을 읽고 격려해 주며 자신감을 주었고 책으로 내기를 권했다. 그리고 나의 연약한 이야기를 들어 주시고 상담해 주신 정애주 사장님께 감사드린다. 그분의 상담과 도움이 글쓴이와 펴낸이를 떠나 한 명의 여자로서, 또 한 명의 그리스도인으로서 큰 도움을 받았다.

다양한 일을 시작하고, 추진하고 게다가 이번에는 책까지 쓰느라고 제대로 신경쓰지 못한 나의 파트너(인경, 신동, 신영 그리고 나의 동역자들)들에게 정말 고맙다고 말하고 싶다. 내 일로 바빠 제대로 돌보지도, 이야기하지도 못하고 그들을 고아처럼 버리고 다녔는데 늘 성실하게 맡은 일을 해주어 든든하다.

그리고 새벽에 글을 쓰느라 저녁 시간을 충분히 함께 보내지 못한 가족들에게도 미안하고 고마운 마음뿐이다. 두 아이, 진혁이와 진비가 늘 엄마를 이해하고 사랑해 주는 것은 오로지 하나님의 은혜다. 내 삶이 나 개인만의 삶이 아닌 공동의 삶이 되길 바란다. 가족은 나의 가장 큰 힘이고 능력의 근원이며 나의 한계이기도 하다. 글쓰기를 격려한 남편에게 감사의 마음을 전한다. 그는 내 '웬수'이자 내 글의 소재이며, 내 고민의 대상이며 내 한계를 들여다보게 하는 나의 또 다른 모습이었다. 그를 통해 내가 성장할 수 있었다.

어느 여름날 새벽에

한병선

차례

PART 1

"코끼리 아저씨
고래 아가씨,
연인 되다"

코끼리 아저씨와 고래 아가씨가 첫눈에 반해 연애를 시작했습니다.
내일, 기다리던 데이트가 있군요. 코끼리 아저씨는 숲 속 원두막에서 수박을
먹으며 같이 게임할 계획을 세웁니다. 반면 고래 아가씨는 햇살이 비치는
바닷가 모래사장에 앉아 두런두런 이야기를 할 생각에 가슴 설렙니다.
과연, 내일 이들의 데이트는 어떻게 진행될까요?

어디,
사람 없어요?

한 해가 저무는 12월, 나이 30세가 지난 처녀 총각들을 보면 가슴 한 켠이 아파온다. 그들에게 왜 결혼하지 못했냐고 물으면 모두가 한결같은 대답이다. "사람이 없어요."

정말 사람이 없어서 못 하는 것일까? 마음에 드는 사람이 없어서 못 하는 것일까? 궁금하다. 그들은 사랑하는 사람과 결혼하고 싶어서 여태껏 누군가를 기다리는 것이다.

보기만 해도 숨이 막히고, 가슴 뛰고, 설레고, 머릿속에 온통 그 사람 생각뿐이고, 어떻게 하면 한 번 더 볼 수 없을까 고민하고, 전화번호는 머리에 착 외워지고, 그 사람이 하는 행동은 뭐든지 의미가 있다고 느껴지는…… 그것이 바로 사랑? 남녀가 느낄 수 있는 최고의 감정이며, 그 앞에서는 모든 것이 용서가 되며, 평생에 한 번 올까 말까 한 그것, 하늘이 정해준, 하나님이 미리 쫙 줄 그어 주었다고 느끼는 오색찬란한 감정, 그것이 사랑인가?

거의 대부분의 드라마에서 꼭 한 번은 듣게 되는 말, "그 사람하고 한 번만 살고 싶어!"(너무나 예쁜 여배우가 말한다), "하루를 살아도 그 사람하고 살면 후회 없을 거야!"(멋진 남자가 울면서 하는 말이다). 너무 사랑해서 가을에 창백하게 죽어가는 백혈병 애인을 따라 죽는 힘, 그것이 사랑인가?

우리는 모두 이런 것이 사랑이라고 생각한다. 그래서 이런 사랑을 평생 기다리며 그런 사랑이 와야 비로소 결혼할 수 있다고 생각한다. 그러나 현실에서 이루어지지 않은 사랑은 계속 낭만이라는 신화를 만들어 내며 채색되어 가는 법이다.

나는 가끔 드라마를 보며 저렇게 사랑하는 두 연인이 결혼한 후엔 어떤 일이 벌어질까 상상한다. 〈겨울연가〉에서 바람머리와 혀 짧은 여자는 행복하게 살았을까? 아마 바람머리는 '괜히 수술 안 해서 장님 됐네' 하고, 혀 짧은 여자는 '상혁이에게 갈 걸' 하고 후회할지 모른다. 결혼과 동시에 사랑의 절대성은 약화되는 것이다.

사랑이라는 '필'에 꽂히다

이런 얘기를 장황하게 하는 까닭은 신앙을 가진 우리 역시 보고 느끼는 감정이 사랑의 전부라고 착각하고 있기 때문이다. 사랑이란 감정에 너무 큰 가치를 두고 있다는 말이다. 수련회에 가면 10명 중 8, 9명은 같은 사람을 찍는

게 우리 마음이다. 대부분 찬양 팀의 자매들이 모든 형제들의 스포트라이트를 받게 되고, 리더나 대표 사회를 맡은 형제들은 모든 자매들의 관심의 대상이 된다. 더 솔직하게 말하자면, 예쁘고 참한 자매가 영성까지 갖췄으니 더 이상 바랄 것이 없고, 유머에 신실함, 영성을 지닌 형제는 더 이상 비길 데 없는 신랑감이 되는 것이다. 그래서 이들을 놓고 수많은 사람들이 동시에 기도하면서 하나님의 뜻을 알게 해 달라고(사실 본인은 벌써 마음을 정해 놓았다) 새벽마다 매달리는데, 하나님도 기가 막힐 노릇일 것이다. 아니라고, 그 사람이 아니라고 하나님이 그렇게 신호를 줘도 마음을 바꾸지 못하니 누구를 위해 기도하는지 의문이 든다. 여기서, 내가 사랑한다고 느끼는 감정의 정체가 뭔지 생각해 볼 필요가 있다. 지금 내 마음에 그 사람을 향한 감정의 물결이 찰랑찰랑 밀려온다면 그것만 인정하고 그것에 국한할 일이지, 그 감정을 사랑이라고 확대해서는 안 된다.

그렇다면 외모나 느낌, 소위 '필'feel을 무시해도 좋은가? 아니다. 하나님은 우리에게 감정을 주셨기 때문에 감정은 사랑의 큰 부분을 차지한다. 내가 말하고 싶은 것은, 감정을 무시하라는 게 아니라 감정을 어느 정도 객관화시켜야 한다는 것이다. 단순히 감정에 치우쳐서 그 감정이 하나님으로부터 왔고, 그래서 이 사람이 내 사람이라고 1000% 확신하는 것을 오류라고 볼 수 있어야 한다는 것이다.

사실 우리가 받은 필, 벼락 맞은 것 같은 필은 같이 살게 되면 빠르면 3개월, 아주 늦으면 1년 안에 없어지고 만다. 그 후에도 짜릿한 감정이 지속된다는 것은 축복이고 정말 행복한 일이지만, 주변을 보라! 그렇게 사랑한다고 난리를 치고 결혼한 사람들도 이혼을 말하고 있지 않던가. 그만큼 필만으로는 믿을 만하지 못하다. 죽을 만큼 보고 싶고 죽을 만큼 좋아하는 감정이 생겨도 결국 그것은 감정일 뿐이다. 중요한 것은 이런 감정을 어떻게 요리해야 하는지다.

감정을 대하는 우리의 자세

감정은 사람을 알아가는 출발점일 뿐이라고 생각해야 한다. 설레는 감정이 왔을때 그 사람을 진지하게 알아가겠다고 생각하라. 마음을 주겠다는 생각은 너무 성급하다.

혹시 신뢰할 만하고 괜찮은 사람인데 이런 감정이 생기지 않는다면 어떻게 할까? 떨리는 것만이 사랑이라 생각하지 말라. 특히 첫사랑을 했던 사람들, 설레는 사랑을 했던 사람들은 삼십 대가 넘어서도 그 정도의 흥분과 떨림을 기대하고 있는데, 그렇지 않다는 것을 기억하기 바란다. 신뢰할 만한 사람이면 사랑을 시작할 수 있다. 감정이 객관화되면 늘 보아 왔던 사람도 달리 보이고, 설레게 하는 사람도 차분히 다시 살펴볼 수 있다. 다른 눈으로 주변의 사람을 보기 시작하자. 그럼 또 다시 사랑은 시작될 것이다.

결혼을 위한
기도는
이기적인가?

"글쎄, 누구는 어릴 때부터 배우자를 위해 조목조목 기도했는데 하나님이 모두 들어주셨대. 키, 외모, 학벌, 능력 등 100가지 정도를 하나하나 써가며 기도했는데 그대로 다 이루어졌다는 거야. 너무 신기하지 않아? 중학교 때부터 기도를 했으니, 아마 10년은 했을걸!"

"어머, 그래? 우리 딸에게도 기도하라고 해야지."

한창 결혼을 생각할 나이, 교회 집사님들의 이야기를 듣고 난 마음이 무너져 내렸다.

'지금 내 나이가 20대 중반인데, 이제부터 죽어라고 기도해도 30대 중반이 돼야 내 마음에 드는 사람을 만날 것이고, 그것도 세게 기도한 사람이 좋은 남자를 먼저 가져가 버리면 나는 누구와 결혼할 수 있을까……' 하고 허탈해했던 기억이 난다. 지금 와서 생각해 보면 웃음이 나지만 당시에는 기도를 너무 늦게 시작해서 좋은 남자를 만나지 못하면 어쩌나, 기운이 쏙 빠졌다. 사람들의 그 단순함과 기복적인 믿음은 현실에서 엄연히 존재한다. 그리고 그것이 이뤄졌을 때의 당당함이란!

아이가 사탕이나 선물을 끊임없이 사달라고 조르는 것과 이 기도는 별반 다르지 않은 것 같다. 자신이 원하는 것을 받으면 하나님의 뜻이고, 받지 못하거나 원하지 않는 것을 받으면 하나님의 뜻이 아닌가? 혹은 하나님이 내 기도를 들어주시지 않았다고 할 수 있는가?

결혼이란 하나님이 우리에게 주신 선물이다. 그것이 얼마나 좋은 선물인지는 한해 두해 살아가면서 알아가는 것이지 누구도 결혼하기 전에 그 맛을 알 수 없다. 따라서 어떤 사람이 내 배우자로 맞는 사람인지도 알 수 없다. 그래서 배우자를 위해 기도해야 한다.

눈에 보이는 조건이나 능력, 학벌이 그 사람을 대신하는 것도 아니며 그것이 결혼의 성패를 좌우하는 것도 아니다. 역설적이게도 상대가 얼마나 많이 갖추고 가졌냐를 위해 기도할 게 아니라 얼마나 많은 상처가 있느냐가 우리가 기도해야 될 부분이다.

결혼을 위해 기도해야 하는 이유

우리는 결혼 전에 기도하라는 이야기를 많이 듣는다. 그렇다면 무엇을 위해, 왜 기도해야 하는지 생각해 보았는가? 첫째는 기도를 통해 자신의 내적 상태를 파악하여, 자신의 약점과 상처를 직시하고 그것을 하나님께 내어놓고 치유하는 과정이 필요하기 때문이다. 내 자신을 내어놓는 기도를 하면서 한편으로 이런 자신을 받아주고 이해해 줄 수 있는 사람을 구해야 한다. 내 마음, 내 감정을 뒤흔드는 사람이 배우자가 아니라 나와 상대를 하나님 안에 내어놓았을 때 서로 이해하고 받아 줄 수 있는 사람과 만나기를 기도해야 한다.

둘째는 상대를 제대로 알게 해달라는 기도를 해야 한다. 우리가 보는 것은 상대의 일부에 불과하다. 또 외적으로 보이는 건 그 사람이 가진 조건뿐이다. 상대를 총체적으로 볼 수 있는 있는 눈이 생기도록 기도해야 한다.

셋째는 자기 깨어짐에 관한 기도다. 사귀기 시작할 때는 별 문제가 없지만 시간이 지나고 문제가 생기면 상대를 이해하기 힘들 때가 생긴다. 상대와 제대로 의사소통이 가능한지, 지금은 좀 힘들지만 노력하면 상대를 이해할 수 있는지, 내 안에 자아가 너무 강해서 상대를 받아들이지 못하면 그런 나를 하나님께 내놓고 부술 수 있는지, 그렇게 함으로 서로를 받아들일 수 있는지에 대한 기도다.

기도는 내 욕심을 채우고 필요를 구하기 위해 하는 것이 아니다. 나를 버리고 나를 변화시키고 하나님 안에서 새로운 눈으로 나와 상대를 볼 수 있도록 하는 것, 그것이 결혼을 준비할 때 기도를 통해 이루어져야 한다.

결혼을 위한 기도는 자신을 객관화하면서 하나님께 나아가는 과정이다. 이 과정 속에서 하나님이 원하시는 모습으로 자신을 바꿔간다면 그것이야말로 결혼을 위한 제대로 된 기도가 아닌가 한다. 둘 중 한 명이라도 이런 생각으로 기도하고 준비한다면 그 결혼은 하나님께서 예비한 축복의 장이 될 것이다.

사람을
사귄다는 것

매일 만나 사랑을 속삭이고 미래를 꿈꾸는 두 연인. 그런데 어느 날 문득 상대가 낯설다. '내가 아는 이 사람이 맞나' 하며 다시 쳐다보게 되는 이 생경함.

우리는 사람을 사귈 때 자신이 설정한 이미지에 그 사람을 맞춰 놓고 내 언어로 그 사람을 입력한다. 즉 친절하고 배려가 많은 사람이라고 판단되면 일단 좋은 사람으로 입력! 그 사람의 모든 것을 좋은 쪽으로 생각하고 결정해 버린다. 한 부분이 그 사람의 전체 모습으로 대체되는 것이다. 하지만 자신이 만든 이미지가 진짜 그 사람인 경우도 있겠지만, 대부분은 그렇지 않다. 우리의 착각은 이렇게 시작된다.

남녀가 처음에는 서로를 좋아하는 마음 때문에 상대에 대해 너그럽다. 자신보다 남을 배려하는 마음이 상승작용을 해서 서로 잘 맞는 것 같다. 그러나 시간이 지나 서로의 가치관이 충돌되면 이야기가 달라진다.

옛날에는 이것도 좋고 저것도 좋고 상대가 해주는 것이 다 좋고 멋있었는데, 시간이 지나 그 사람의 진짜 모습이 보이면서 도저히 서로를 이해할 수 없게 된다. 두 사람의 가치 기준이 다르고, 삶의 문제를 푸는 방식이 다름을 알고는 상대가 불편해지는 것이다.

서로의 다른 모습 인정하기

"어릴 때 경제적으로 힘들었어"라고 남자가 말한다. '내 남자 친구가 어렵게 살았구나, 잘해 줘야지'라고 여자는 생각한다. 이렇게 대화가 끝난다면 중요한 걸 놓치고 있는 것이다. 경제적으로 힘들었다는 말 속에서 상대의 돈에 대한 생각과 돈 쓰는 것에 대한 기대치까지 짐작할 수 있어야 한다. 그 말의 단편적인 의미말고 그 말에 담겨 있는 그의 환경과 처지와 가치관까지 짐작할 수 있어야 된다는 것이다. 그것은 이해의 차원을 넘어서는 것이다. 그것을 인식하지 못한다면 사귀면서 서로 이해받지 못한다고 느끼며 서로가 답답하게 생각될 것이다.

사귀면서 나와 다름을 알게 되고, 그래서 이해되지 않고, 내가 생각한 사람과는 점점 거리가 생긴다면 어떻게 할 것인가? 포기해야 하는가, 아니면 그냥 참고 관계를 지속해야 하는가? 그것은 사람에 따라 달라진다. 어떻게 결정해야 될지 그 기준을 말하자면, 일단 내가 변할 수 있을지를 알아봐야 한다.

사람과 사람이 사귈 때는 가치관의 변화가 지속적으로 필요하다. 내가 변할 수 있다면 문제가 없지만 변할 수 없고 그래서 상대가 도무지 이해가 안 된다면, 그때 정말 하나님 앞에서 승부를 걸어야 한다. 내가 감당할 수 있는 부분인지, 아니면 감당할 수 없어 포기해야 하는지를 기도하면서 결정해야 한다.

　서로 사귀면서 가장 중요한 것은 상대에 대한 이해를 바탕으로 한 용인함, 용납함이다. 나와 생각이 다른 것은 너무도 당연하고, 그것을 내가 용인해서 넘어갈 수 있다면 서로 삶을 나눌 수 있다. 그것을 용인할 만큼 나에게 여유가 없다면 나는 그 사람을 담을 그릇이 되지 못한다는 말이다. 용인할 수 있는 부분에 대해서는 용인하되 그렇지 못한 부분에서는 받아들이는 용기도 필요하다. 그래야 어느 날 내가 사귀던 사람이 낯선 사람이라며 한숨짓지 않을 것이다. 우리는 사람을 만나면서 끊임없이 상대에게 맞춰 변하기도 하고, 하나님의 기준에 서로를 변화시키기도 해야 한다. 이것이 사귐의 본질이 아닐까.

노총각 노처녀가 되는
지름길

여기, 남자가 있다. 키는 좀 작지만 외모는 봐줄 만하고, 재미있지는 않지만 약간의 유머가 있고, 무엇보다 경제적 능력이 있다. 요즘 같은 시대에 경제적 능력이 있다는 것은 큰 플러스 요인이다. 게다가 신실한 믿음의 소유자다. 이 얼마나 희귀한 조건인가! 교회에 이런 총각이 있다면 자매들이 가만 안 뒀을 텐데…… 이상하다. 이 남자 노총각이다. 왜 그럴까? 그는 '사랑하지 못하는 병'을 앓고 있었다. 이 남자를 보면서 어떻게 노총각 노처녀가 되는지 생각해 봤다.

이것만 고수하면 틀림없다

첫째, 이상적 배우자를 꿈꿔라.

노총각 노처녀의 특징은 사람을 많이 사귀어 보지 않았다는 것이다. 그래서 그들은 이상적인 사람(사랑)을 꿈꾼다. 처음 사귈 때는 문제가 없는데 사귀면서 점점 이상과 달라지는 것을 견디지 못한다.

또는 아예 처음부터 사람을 사귀지 못한다. 혼자만의 생각으로 상상 속에서 사랑을 꿈꾸는 이 사람은 백발백중 결혼하기 힘들다. 주변에 사람이 없어서가 아니라 자신의 이상에 맞는 사람만을 찾기 때문에 자신을 움직일 만한 사람을 좀처럼 발견하지 못하는 것이다.

왜 그럴까? 보통 자존감이 낮은 사람에게서 이런 경우를 많이 보게 된다. 자존감이 낮은 사람은 이상적인 배우자를 꿈꾼다. 그것은 거의 본능적이다. 상대가 완벽하면 행복해질 수 있다고 생각하기 때문이다. 지금까지 행복하지 않았기 때문에 앞으로 행복한 가정생활을 해야 한다는 생각이 강하다. 그러기 위해서는 완벽한 이성(이상형)을 만나야 한다. 그래서 이상적인 가정을 꿈꾸게 되고, 사람을 고르는 기준은 높아지고, 조금이라도 단점이 있는 사람에게는 자꾸 No! 하기 때문에 주변에 사람이 점점 없어진다.

이상을 꿈꾸는 이들의 또 하나의 문제는 자신이 나이 먹고 있다는 사실을 잊는 것이다. 자신은 중늙은이가 되어가는데 아직도 눈은 20세 꽃띠를 보고 있으니 쉽지 않은 일이다. 혹은 자신은 얼굴 탄력이 떨어져 가는데, 상대가 머리숱이 적음을 용납할 수 없으니 이 일을 어쩌랴.

이것을 치료하기란 쉽지 않다. 자신을 하나님 앞에 내어놓고 철저하게 자신을 포기하는 연습밖에는 없다. 막연한 소리로 들릴 수 있겠지만 사실 이것밖

엔 길이 없다. 이것은 그 사람 안에서 조금씩 가치관을 변화시키는 성령의 작업을 통해 이루어진다.

둘째, 우유부단한 사람은 혼자 있을 확률이 높다.

이 사람들의 특징은 주저함과 자신 없음이다. 혼자서 이러저러한 생각을 많이 하다 보니 이럴 때는 이 사람이 좋은 것 같고 저럴 때는 저 사람이 좋은 것 같아 결정을 못해 타이밍을 놓치게 된다. 그러면 상대는 '나를 안 좋아하나 보다'라고 생각하고 떠난다. 좋은 감정이 생겨도 여러 이유 때문에 주저하다가 적극적으로 표현하지 못해서 인연을 못 맺는다. '이 사람은 이것이 문제'라서 결정하지 못하고 '저 사람은 저게 문제'라서 두려워하는 것 역시 이들의 특징이다. 무엇을 결정하면 그에 따르는 책임이 너무 커서 감당하지 못할 것이라는 압박감 때문이다.

물론 노력만으로 결혼할 수 있는 것은 아니다. 때로 결혼은 우리의 노력 저 너머에 있는 듯하다. 하지만 그렇다고 손 놓고 마냥 인연을 기다릴 순 없다. 인연 만들기에 적극적일 필요도 있는 것이다. 막연하게 '되겠지' 하는 것은 자신의 삶을 방치하여 좋은 사람과 인연을 맺지 못하게 한다. 물론 결혼하려고 눈이 벌게지는 것 역시 보기 싫고, 이 사람 저 사람에게 감정을 흘리는 것 역시 좋지 않다. 그러나 나이가 들면 적극성은 더 없어지고 생각은 더 많아져 결정하기 힘들어진다. 35세 이전에 자신의 기준에 70점만 넘는 사람을 만나면 사귀면서 맞춰 가는 것이 좋을 듯하다.

셋째, 자기애가 너무 강하거나 자기 보호막이 너무 강한 사람도 혼자 지내기 쉽다.

누군가와 마음을 나누는 것은 결국 감추었던 속내를 꺼내 보이고 자신의 이기심에 직면하는 것이다. 사랑이란 자신을 포기하고 아픔을 감수하는 것이다. 이것은 쉽지 않고 두려움을 준다. 상처 받을까봐 미리 겁먹고 포기하면 사랑하기 힘들다. 누구나 사랑하면 상처를 받는다. 상처가 두려워서 사랑을 하지 못하면 상처는 없을 수 있지만 사랑은 얻지 못한다. 사랑을 한 사람은 사랑을 얻지 못한다 하더라도 그것만으로 인생에서 새로운 길과 새로운 삶을 맛본 것이다.

물론 사랑하고 결혼한 사람 중에도 자기중심적이고 이기적인 사람도 있다. 그런 사람은 결혼생활 내내 이기적인 삶 때문에 주변 사람을 괴롭게 한다. 자신을 버리는 것이 뭔지, 남에게 나를 내주는 것이 뭔지 아는 사람은 하나님 앞에서 자신을 포기하기가 수월하다. 우리의 상처는 결국 하나님 안에서 성숙의 열매로 나타난다. 그리고 그 성숙함을 통해 깊이 있는 영적 삶으로 나아갈 수 있다. 그러니 사랑하길 권한다. 자기 보호막 안에 숨지 말고 자신을 꺼내 보이고 또 버리기 바란다. 사랑이란 이 거대한 선물 앞에서…….

넷째, 완벽주의자도 결혼하기 힘들다.

완벽주의자들은 자신이 잘못 선택할 수 있는 요건이 하나라도 있으면 태산같이 걱정하면서 맘 편히 결정하지 못한다. 결정을 했어도 계속 신경이 쓰이고 불안하다. 그래서 결정했던 그것을 놓아야만 비로소 맘이 편해진다. 이런 완벽주의자들은 자신의 기준과 남의 이목이 완벽하게 맞아야 한다. 결국 이들은 자기가 설정한 기준과 덫에 걸려 혼자 남는 선택을 하게 된다. 그런데 문제는 이들이 결혼을 포기하지 않는다는 것이다. 그래서 결혼도 포기하지 못하지만 자신의 기준도 포기하지 못한 채 어정쩡하게 시간을 보내게 된다. 자신의 기준이 자신을 가장 힘들게 하는 것임을 알면서도 어쩔 수 없다. 그런 이들에게는 자신이 완벽주의 성향이라는 걸 깨닫게 도와주는 것 밖에는 없다.

다섯째, 인연이 없었기 때문이다.

이것에 대해서는 내가 뭐라고 할 수 없다. 사람에 따라 인연이 없어서 결혼하지 못하는 경우를 가끔 본다. 정말 못생긴 것도, 그렇게 능력이 없는 것도, 성격이 나쁜 것도, 집안이 떨어지는 것도 아닌데 한 명도 사귀지 못했을 때 참 속상하다. 사랑다운 사랑도, 연애다운 연애도 못하고, 인연인 듯하다 사라지고, 누굴 좋아하는 듯하다 만 그런 젊은 시절만 있다면 그것은 상처다. "하나님, 나에게 왜 그러십니까? 내가 뭘 그렇게 잘못했다고!"라고 소리도 쳐보지만 그렇다고 하나님과 맞짱뜰 수는 없는 일! 하지만 그분 앞에서 화를 억누르거나 스스로 포장하지 말기 바란다. 힘들면 힘든 대로 화나면 화나는 대로 그분께 아뢰고 풀기 바란다.

때로는 우리에게 겸손이란 것을 가르쳐 주시기 위해 그런 게 아닌가 생각한다. 교만한 마음으로는 상대를 제대로 볼 수 없다. 우리는 우리 뜻대로 되지 않을 때 비로소 하나님 앞에서 모든 것을 내려놓게 된다. 내 안에 뭐든지 감사함으로 받을 수 있을 때가 되면 그때 선물로 당신에게 좋은 사람을 줄 지도 모른다. 여기서 좋은 사람이란 객관적인 조건을 갖춘 사람이 아니라 정말 당신에게 혹은 상대에게 필요한 사람을 말한다.

노총각 노처녀 들이여, 자신의 모습 속에서 혼자 살 수밖에 없는 성향을 발견했다면, 그러면서도 결혼해야겠다고 생각한다면 빨리 변화를 도모하기를……

손만 잡고
그냥 잤다(?)

두 연인이 같이 밤을 새면서 "사랑하는 사람을 지켜주기 위해 손만 잡고 잤다"고 하는 걸 텔레비전에서 종종 본다. 자신들이 알퐁스 도데의《별》의 주인공이란 말인가? 나는 한 방에서 같이 밤을 보내면서 두 청춘남녀에게 아무일도 일어나지 않았을 거라고는 믿지 않는다. 그 이유를 말해 보고자 한다.

믿기 어려운 다섯 가지 이유

첫째, 둘만의 공간에 누구도 보는 이 없다.

일단 두 사람이 닫힌 공간에 있으면 누구도 그 안에 들어오지 않는다. 즉 은폐되어 외부에 노출되지 않기 때문에 남의 눈치를 본다거나 자신의 욕구를 억눌러야 할 필요가 없다. 특히 밤을 같이 보내야 할 경우 시간이 흐를수록 다른 욕구가 생기므로 둘이만 함께 한 공간에 있는 것은 좋지 않다.

둘째, 밤에 둘만의 은밀한 스킨십이 정말 흥미롭다.

둘이 밤에 함께 있다 한들 열심히 일하거나 놀거나 공부한다면 사실 큰 문제는 없을 수 있다. 하지만 스킨십을 시작하게 되면 문제는 심각해진다. 한 방에 함께 있는 남녀가 손만 잡고 있기엔 밤이 너무 길고 심심하다. 그래서 자꾸 진도(?)를 나가게 된다. 특히 키스를 시작하다 보면 한계선을 넘게 되고 생각지도 못하게 더 깊은 스킨십으로 갈 수 있으므로, 같이 밤을 보내게 된다면 그 시간에 무엇을 할지 미리 생각해 두는 것이 좋다.

어떤 때는 그 사람을 사랑해서 스킨십을 하는 것이 아니라 스킨십이 좋아서 그 사람을 만나는 경우도 있다. 초기에는 감정이 혼재되어 있어서 사랑하는 건지 흥분한 건지 알 수 없다. 그렇기 때문에 상대를 좀더 깊이 안 후 스킨십이 이루어져야 한다. 좋아하는 감정만 믿고서 스킨십을 시작하면 후에 상처가 남을 수 있다.

셋째, 서로 사랑한다.

사랑한다는데 무슨 말이 필요할까? 밤에 손만 잡고 자라는 것은 아니다. 성인이면 자신의 행동에 책임을 져야 한다. 흔히 말하는 분위기란 그리 믿을 만하지 못한 것이다. 학교 다니던 시절, 남해안으로 여행을 간 적이 있다. 그런데 그곳에서 남자 친구와 단둘이 여행 온 친구를 민박집에서 마주쳤다. 그쪽에서 몹시 당황했다. 결국 그 친구는 다른 사람과 결혼했는데, 어찌되었든 상처를 많이 받았겠다는 생각이 들었다. 이렇게 스킨십이 이루어진 후 헤어지면 남녀 모두 큰 상처를 받는다.

　삶을 돌이켜 볼 때 후회되는 일을 하지 않기를 바란다. 상처될 일도 하지 않기를 바란다. 사랑을 하면 옆에서 아무리 이야기해도 잘 들리지 않겠지만 훗날 상대는 나와 다른 마음이 되어 헤어질 수도 있음을 기억해야 한다.

　넷째, 서로 신앙인이라고 생각한다. 즉 믿을 만한 사람이다.

　신앙을 가지고 있기에 순결을 꼭 지킬 거라고 생각하겠지만, 결혼 전에 임신하는 크리스천 커플도 상당히 많다. 신앙을 가진 자매들은 대체로 순종적이라 스킨십에 대해 쉽게 용인하는 경우도 있다. 또한 순진하게도 어떻게 스킨십을 조절해야 할지 몰라서 빨리 빠지는 경우도 있다. 통계만 봐도 혼전 순결은 믿는 사람과 믿지 않는 사람이 별로 큰 차이가 없음을 보게 된다. 상대가 크리스천이라고 해서 날 배려하고 알아서 해주려니 생각하면 오산이다. 어느 남자나 성적 욕구 앞에서는 믿을 수 없다. 정도의 차이는 있겠지만 말이다.

　다섯째, 우린 결혼할 것이다.

　그러면 상관없지 않은가. 결혼할 건데 좀 먼저 하면 어떠랴. 그렇게 이야기한다면 난 "여태까지 참았는데 결혼 후에 하면 어때!"라고 말해 주고 싶다.

　남자의 성적 본능은 참기 힘든 유혹이다. 청소년 시절부터 성적 욕구를 꾹꾹 눌러두는 것은 정말 미칠 노릇이다. 그래서 사랑하는 사람이 생기면 너무나 자연스럽게 사랑하고픈 욕구가 솟게 된다.

그래서 남자는 스킨십에 조급하고 서두르게 된다. 이에 비해, 여자의 스킨십은 친밀감의 표현이다. 즉 스킨십을 통해 이해받는다는 느낌을 받고 따뜻함과 친밀감을 느끼길 원한다. 그래서 손을 잡거나 안아주는 것 등을 통해 자신이 이해받고 사랑받는다는 느낌을 받는다.

스킨십에 대한 서로의 이해 차이와 함께, 남자의 스킨십 속도가 여자의 속도보다 언제나 빠르다. 우리가 볼 때 신앙도 좋고 인격도 좋은 사람이라 할지라도 남자들은 어떻게 하든 진도(?)를 나가고 싶어 한다. 이럴 때 여자가 적절히 조절해 주지 않으면 나중에 힘들어질 수 있다. 사실 남자도 상대에게 불편함을 줄까봐 혹은 실수할까봐 조바심을 갖고 있다. 따라서 스킨십에 대해 서로 솔직하게 터놓고 이야기하는 것이 좋겠다. 또 원치 않는 것을 요구할 때는 싫다고 명확하게 표현해야 한다.

사귀면서 그 한계선에 대한 기준은 저마다 다를 것이다. 이것은 누가 참견할 부분은 아니지만 스스로를 사랑하는 마음이 판단의 기준이 됨을 말하고 싶다.

누구라도 실수할 수 있다

인간은 약하기도 하고 악하기도 하고 이기적이기도 한 존재다. 우리는 그렇게 믿을 만한 존재가 못 되고, 신뢰할 만한 존재가 아니다. 특히 본능 앞에서는 더 그렇다. 그것을 아닌 것처럼 부정하지도 말고, 거룩한 척 하지도 않았으면 좋겠다. 나도 충분히 그럴 수 있다는 것을 알고 기준을 세워 두자. 당신이 신뢰하는 그 사람 역시 실수할 수 있고, 의도치 않게 상처를 줄 수 있는 사람임을 기억하자. 스킨십에 대한 부분은 누구도 믿을 수 없다는 것을 명심해라. 일단 실수하면 그 상처는 정말 깊어서 의도치 않게 평생 당신의 삶을 갉아먹을 수 있음을 기억하고 마음에 다짐 또 다짐이 필요하다.

짚신도
짝이 있는가?

나 결혼할 때만 해도 입버릇처럼 어른들이 말했다. "짚신도 짝이 있다." 좀 못나 보여도, 좀 단점이 있더라도 자신과 꼭 맞는 사람을 찾을 수 있다는 말이다. 그런데 문제는 이 말이 점점 옛말이 되어 가는 현실이다. 신앙도 좋고 외모도 빠지지 않고 성격도 무난한데 여태껏 사랑 한번 못해 봤다면, 또 주변에 결혼 못한 사람이 첩첩산중으로 진을 치고 있다면, 그때도 이 말에 희망을 걸어볼 수 있을까? 정말 짚신도 짝이 있는 걸까?

짚신 꼬기 먼저 시작!

짚신도 짝이 있는지 없는지 논하기 전에 먼저 무엇을 해야 할지부터 생각해 보자. 첫째, 하나님이 내 삶에 깊은 관심을 갖고 계시고 개입하시길 원한다는 것을 믿고 확신해야 한다. 내 마음 깊은 곳에서 하나님이 내 삶에 강하게 역사하고 계심을 믿어야 한다. 평소 하나님과 친밀한 교제가 있어야 한다는 말이다. 이것은 결혼이라는 영역에서도 마찬가지다. 결혼생활이 신앙과 별개가 아니기 때문이다.

결혼은 내가 머리를 써서, 그러니까 내가 무엇을 어떻게 해서, 어쩌다 하는 것이 아니다(물론 내 마음대로 결혼할 수는 있다. 하나님이 그런다고 벼락을 내리진 않는다. 다만 내 삶의 모든 부분이 하나님의 인도하심을 받느냐 하는 것이다). 결혼이라는 삶의 한 영역도 하나님의 인도하심에 따라 이루어지는 것이다. 우리는 때로 나의 뜻과 다른 상황이 펼쳐질 때 갈등을 느끼고 하나님을 의심하기도 한다. 하나님이 A로 길을 여실 줄 알았고 또 그런 비전을 주셨다고 생각했는데, 실제는 전혀 원하지 않았던 B로 길을 여실 때 우리는 실망한다. 하지만 내가 원하지 않았던 B라 할지라도 나에게 필요하기 때문에 그 길을 여신 것이다. 내가 바라던 상황은 아니지만 그대로 수용할 수 있는 마음을 갖기 바란다. 현실에 대해 언제까지나 불평불만을 하고 있다면 하나님이 주시려는 것도 받을 수 없게 된다. 나중에야 왜 그런 일이 나에게 있었는지 알게 될 것이다. 인격적인 하나님은 B의 길을 여셨다고 해도 B만을 고집하는 것이 아니니 괜히 걱정하지 말기 바란다. 중요한 것은 하나님이 나를 끊임없이 인도하심을 신뢰하는 것이다.

둘째, 노력해야 한다.

사람은 다 비슷해서(물론 개중 특이한 취향이 있는 사람도 있지만) 좋아하는 사람은 누구나 좋아하고 싫어하는 사람은 누구나 싫어한다. 왜 사람들이 그 사람을 좋아하는지 이유를 생각해 보면 답이 나온다. 우선 외모 등은 타고 난 것이라서 어찌할 수 없지만, 자기 나름의 매력과 분위기는 만들어 갈 수 있다. 이것은 조금만 센스 있고 부지런하기만 하면 된다.

사람들이 좋아하는 사람을 분석해 보면 대체로 남을 위해 포용하는 마음이 있는 사람이다. 남을 위해 전적인 헌신을 하지 않더라도 작은 것이지만 자신의 것을 양보할 수 있는 마음의 여유를 가진 사람 말이다. 포용력이 있다는 것은 남에게 관대하고 타인에게 관심을 갖는 것을 말한다. 그렇다고 남의 눈치를 보거나 남의 시선에만 신경 쓰라는 말은 아니다.

또 열심히 사는 사람을 좋아한다. 그 열심이 자신만을 위한 것이 아니고 남을 도우며 더불어 살아가는 사람이라면 더욱 많은 사람들이 좋아한다. 남과 함께 사는 삶을 고민하는 사람은 남을 사랑할 줄 아는 사람이다. 이성교제뿐 아니라 동성 간, 직장 동료 간에 마음을 열고 남을 받아줄 수 있는 사람을 사람들은 좋아한다.

또 하나는 남의 마음을 읽을 수 있어야 한다. 남의 마음을 읽는다는 것은 그만큼 주변 사람들에게 관심이 있다는 뜻이다. 사람의 마음을 읽거나 주변 사람들의 생각을 자연스럽게 감지할 수 있는 안테나는 하루아침에 생기지 않는다. 자기를 중심으로 세상이 굴러간다고 생각하면 결코 다른 사람의 마음을 읽을 수 없다. 타인에 대한 관심과 배려는 나에게 맞는 사람을 찾아내거나 상대의 의중을 빨리 파악하여 코드를 맞출 수 있는 기회로 이어지게 된다.

누군가에게 매력적으로 보이기 위한 노력은 한순간에 이뤄지지 않는다. 처음에는 좀 모난 구석도 있고 허점도 많겠지만 지속적으로 자신을 사랑하고 남을 사랑하고 더 나은 사람이 되고자 한다면 어느 순간 멋있는 사람이 되어 있을 것이다.

그렇다고 내가 아닌 나인 것처럼 꾸미는 거짓 자아를 만들라는 것은 전혀 아니다. 보여 주기 위한 나가 아닌, 자신만의 장점과 매력이 있는 나를 만들라는 것이다. 보여 주기 위해 만든 거짓 자아는 결국 공허감을 주지만 자신에게 맞는 자아를 성숙시켜 가는 사람에게는 자신감이 생긴다.

물론 이런 것은 단시간에 되는 것이 아니다. 아직 젊은데 뭐가 걱정인가? 걱정하지 말고 시도하길 바란다. 몇 번의 실패는 있을 수 있지만 영원한 실패는 없다.

내 짚신 한 짝은 어디에

하나님을 신뢰하고, 매력적인 사람이 되도록 노력하고, 남의 마음도 잘 헤아린다고 했는데도 짚신 한 짝이 보이지 않는다면 어떻게 해야 하는가? 시간이 갈수록 믿음은 약해지고 불평과 원망이 생기게 된다면? 하나님을 계속 신뢰하며 가야 될지 아니면 지금이라도 적당히 타협하며 결혼해야 될지 혼란스럽다면? 나만 결혼이 안 되는 것 같아 불안하다면? 내가 하나님의 인도를 충분히 받지 못해서인가, 아니면 하나님의 인도를 신뢰하지 못해서인가? 나의 문제인가, 하나님의 문제인가?

이렇게 질문하면 사실 나도 별 답은 없다. 왜냐하면 나도 그런 생각을 갖고 씨름해 보고, 나의 문제가 뭔지 극복하려고 노력하고, 그러면서도 뜻대로 안 되어 하나님을 원망도 해봤으니 말이다. 하지만 나의 결론은 여전히 하나님이 내 삶에 개입하기 원하신다는 것이다. 내가 사람을 사귀든 안 사귀든, 결혼을 하든 안하든, 내 삶에 전적인 개입을 원하시기에 그 삶에 충실하면 때에 따라 열매 맺지 않을까, 하는 막연한 희망을 주고 싶다. 결론은 '짚신도 짝이 있는데 그 시기는 잘 모른다'는 것이 아닐까?

짚신도 짝이 있다면 그 짝이 잘 맞는지는 신어 본 사람만이 알 것이다. 지금 우리는 최선을 다해 내 짝인지 아닌지 알아 보는 시간을 가져야 할 때다. 먼저 제대로 짚신을 꼰 후 그리고 그 짚신이 내게 맞는지 신어 본 후, 그 속담이 진짜인지 아닌지 가려보는 건 어떨까?

완벽한
독신생활
만들기

결혼을 하지 않았거나 못한 분들이 "아직 내 인생은 시작되지 않았다"며 언제까지나 결혼을 기다리면서 삶을 허비할 필요는 없다. 물론 결혼하지 않은 분들이 열심히 살고 있다는 것은 알지만, 그냥 본 게임을 기다리면서 열심히 사는 것과 지금이 본 게임이라고 생각하고 열심히 사는 것과는 차이가 있다.

결혼을 하지 않았다고 해서 더 많은 시간이 남은 건 아니기 때문에 내 삶에 맞게 사는 법을 디자인해야 한다. 20대에 할 일과 30대에 준비할 일, 40대에 해야 할 일들을 계획하면서 결혼한 사람과 마찬가지로 독신에 대한 준비도 필요하다.

모든 사람이 똑같은 인생을 사는 것은 아니다. 어떤 사람은 별로 결혼하고 싶지 않았는데 결혼하게 되고, 어떤 사람은 빨리 결혼하고 싶었는데 마흔이 돼서야 결혼하는 사람도 있고, 어떤 사람은 너무 결혼하고 싶었는데 아직 결혼을 못했을 수 있다. 왜 그럴까 생각하지 말자. 그것은 타이밍이고 인연이기 때문에 쉽게 말할 수 없다. 때가 되어야 결혼하는 것이기에 현재 결혼하지 않았더라도 그 삶을 100% 누리고 각 상황에 맞는 삶을 디자인해야 한다.

결혼을 해도 여러 조건에 이리저리 맞추면서 애쓰고 살아가야 비로소 행복을 대가로 얻듯이, 미혼들 역시 최선을 다해 살아가야 그 대가를 얻을 수 있다. 수동적으로 살게 되면 남는 것은 후회밖에 없다.

행복한 독신생활에 필요한 두 가지

그렇다면 미혼이 건강하고 잘 살 수 있는 방법은 무엇일까?

첫째, 자신만의 목표 의식이 필요하다.

자신이 원하는 곳에서 전문가의 모습을 갖추도록 노력해야 한다. 자신에게 좀더 엄격한 기준을 두지 않으면 스스로 나태해질 수밖에 없다. 결혼한 사람은 상대의 요구에 의해 할 수밖에 없는 많은 일들이 있지만, 미혼은 자신의 욕구대로 살면 그만이다. 그래서 그냥 열심히만 사는 것이 아니라 내 커리어를 쌓아 가면서 자신의 자산을 만드는 것이 중요하다.

그렇다고 일만 하라는 것이 아니다. 총체적인 삶 가운데 사랑도 하고 희생도 하고 손해도 보면서, 인생을 조금씩 알아가며 삶을 성숙시켜 가야 한다. 그러면서 자신이 추구하는 목표를 향해 한 걸음씩 나아가는 것이 필요하다.

둘째, 삶을 나눌 수 있는 공동체가 필요하다.

결혼한 사람은 배우자와 자의든 자의가 아니든 조금씩 양보하고 맞춰 가야 한다. 그렇지 않으면 결혼생활이 힘들어진다. 그래서 10년 이상 결혼생활을 한 사람을 보면 자신을 버리는 것이 어느 정도는 생활화되어 타인에 대해 좀 더 너그러워진다. 그런데 미혼자의 경우는 자신의 주체성이 확립되지 않으면 세상 살기가 더 힘들어지기 때문에 자신의 입장을 고수해야 되는 경우가 많다. 그래서 날이 갈수록 더 완고해진다. 그래야 제대로 자신의 밥그릇을 찾을 수 있기 때문이다. 또 삶의 당면 주제가 당연히 기혼자와 다르므로 미혼자는 자신과 극히 가까운 미혼 친구만 자신의 성역으로 들이게 된다. 따라서 미혼자들에게는 기혼자와 미혼자가 섞여 있고 남녀가 같이 있는 공동체가 꼭 필요하다. 서로 다른 시각들을 볼 수 있고 그 다른 시각들을 통해 배울 수 있는 것들이 많기 때문이다. 가장 좋은 것은 교회 모임이나 동호회 등이다.

공동체를 통해 얻을 수 있는 유익은 자신이 이해받을 수 있다는 것이다. 사람은 누구나 사랑과 이해를 충분히 받아야 위축감과 상실감에서 벗어난다. 사랑(이해 또는 인정)을 받지 못한 사람은 타인에게 사랑을 강요한다. 그러면서 점점 괴팍해질 수 있다. 또 공동체에서는 쓴소리를 들을 수 있다. 누군가에게 쓴소리를 들음으로 자신의 약한 부분이나 단점을 고치려고 노력하든지 아니면 그 부분을 인정해야 한다. 부부는 싸우면서 서로의 단점들을 다듬으며 자신을 제대로 직시한다. 미혼자들에게도 자신을 제대로 평가해 주는 사람이 필요하다. 자신이 신뢰할 수 있는 멘토를 찾아 균형을 잡는 것이 필요하다. 이런 과정을 통해 자신만의 시각에서 벗어나 좀더 넓은 시각을 가질 수 있다. 투철한 목표 의식으로 자신의 일에 전문성을 발휘하며 열심히 살아간다면, 또 공동체 속에서 다듬어지고 함께 사는 법을 배운다면 정말 행복한 독신이 될 것이다. 이런 싱글들의 삶, 웬지 부러워진다.

운명적 사랑은
존재하는가?

뻔하다고 생각했던 영화나 드라마가 뻔하지 않게 전개될 때 우리는 그 작품을 다시 보게 된다. 사랑을 표현하되 자기 사랑을 강요하지 않고 사랑이 무엇인지 고민하는 사람들의 이야기가 있었다. 몇 년 전, 어쩔 수 없는 인간의 연약함과 사랑에 대한 두려움 등의 심리가 세밀하게 표현되어 '소울 메이트'를 찾는 청춘들에게 좋은 이야깃거리가 된 〈연애시대〉란 드라마다. 주인공들은 운명의 짝 소울 메이트를 찾으면서도, 바닥까지 자신을 내보여야 하는 사랑의 두려움 때문에 머뭇거린다. 결국 운명의 누군가가 아니라 연약하고 보듬어줘야 할 사랑했던 과거의 연인을 소울 메이트로 인정하게 된다.

왜 소울 메이트를 찾아다니는가?

사랑할 때 우리는 그 사랑이 주는 충만감에 행복해 하면서도 한편으로는 이 사랑이 지속되지 않을 것 같아 두려워한다. 그래서 우리는 언제까지나 변하지 않을 것 같은 영혼의 동반자를 찾는다. 그 사람을 만나야 변치 않는 사랑을 할 수 있을 테니 말이다. 영혼의 동반자는 나를 배신하지 않고 계속 사랑을 타오르게 할 수 있으니까! 왜냐하면 운명이니까! 이렇게 변치 않을 사랑에 대한 갈구가 평생 함께할 소울 메이트를 찾는 이유인 것이다.

또 다른 이유는 '진정한 사랑'에 대한 갈망에 있다. 소울 메이트를 찾는 이들은 '어딘가에' 진정한 사랑이 있을 거라 믿는다. 그리고 그 소울 메이트가 나타나면 그 진정한 사랑을 할 수 있다고 믿는다.

진정한 소울 메이트는 있는가?

사실 "전혀 없다"고 하면 거짓말이다. "누구에게나 한 명은 꼭 있다"고 하면 그것도 거짓말이다. "평생 한 번 있다"는 것도 거짓말이다. 소울 메이트는 모두에게 공평하게 하나씩 주어지는 게 아니다. 어떤 사람에게는 몇 번의 기회가 있을 수 있고 어떤 사람에게는 그 기회조차 없을 수 있다. 소울 메이트라고 생각되는 진짜 잘 맞고 운명적인 사람은 있다. 그러나 그런 사람이라 하더라도 그 감정이 계속 지속되거나 관계가 끝까지 보장되는 것은 절대 아니다. 결국 우리가 말하는 소울 메이트는 한시적으로 운명적이라 느끼는 동안뿐이지, 사람 마음은 결국 변하게 되는 것이다. 소울 메이트라고 해서 영원히 변하지 않는 게 아니라 계속 노력하면서 만들어 가야 더 깊은 사랑으로 성숙되는 것이다.

소울 메이트는 어떻게 알아보는가?

소울 메이트를 만나면 머리 위에서 종이 울리나? 아니면 소울 메이트에게서 후광이 비치나? 아니다. 상대의 영혼을 안타까워하고 그것에 긍휼함을 가질 수 있다면 그 사람이 소울 메이트가 아닐까? 모든 것이 다 좋고 언제나 사랑스러운 것만이 소울 메이트는 아니다. 상대의 허물을 볼 수 있는 눈이 있고 감당할 수 있는 마음이 있으면 소울 메이트가 되는 것이다.

평생 그런 사랑을 만나지 못한 사람은 어떻게 해야 되는가? 만약 그렇다면 분명 나에게 다른 것을 주셨을 것이다. 하나님은 모든 것을 일률적으로 공평하게 주시는 분이 아니다. 내게 주신 다른 것들을 귀하게 잘 사용한다면 또 다른 차원의 기쁨을 주실 것이다. 그렇기 때문에 소울 메이트를 찾느라 혹은 기다리느라 시간 낭비하지 말고, 이미 내게 주셨고 내가 잘하는 것으로 기쁨을 삼는 것이 낫다. 나에게 나타난 사람이 소울 메이트든 아니든 나는 최선을 다해서 사랑할 의무가 있다. 그것이 나를 더 자유롭게 할 것이고 후회하지 않게 할 것이다.

모든 사람에게 인연은 있다. 그렇지만 그 인연은 절대적이지도 않으며, 운명적이지도 않고 시간이 가면 변하기 마련이다. 더 좋은 관계로 변할 수도 있고 좋지 않은 관계가 되어 어그러질 수도 있다. 그러나 그런 변화가 내가 하나님 앞에서 온전하게 되기 위한 노력이라면, 결국 그것이 우리 삶에 힘이 되어 진정한 소울 메이트를 만들어 갈 수 있을 것이다.

신데렐라는 왕자를
사랑했을까?
왕자의 능력을 사랑했을까?

재투성이 신데렐라, 그녀가 왕자를 만났다. 누가 봐도 너무도 차이 나는 그 두 사람이 결혼을 했다. 그녀에게 왕자는 하늘이 내려준 '로또'임이 분명하고 대박 중에 대박임이 틀림없다(사실, 부유한 배우자를 만나는 게 진짜 대박인지는 모르겠으나…… 당장은 누가 보더라도 대박이다). 평범한 우리야 이런 대박 신화를 기다리지는 않지만 배우자의 경제력을 크게 보는 것은 사실이다.

크리스천 여성들은 배우자의 조건으로 첫째 신앙, 둘째 성격, 셋째 능력이라고 꼽는다. 하지만 '신앙과 성격은 기본'이라 생각할 때 결국 가장 큰 조건은 능력이라 해도 과언이 아니다. 그 사람에게 얼마만큼의 경제력이 있는지, 집 장만에 얼마 동안 시간을 쏟아부어야 하는지 관심이 안 갈 수 없다. 당신만 있으면 된다고 연인들은 속삭이지만, 결혼에서 경제적인 문제는 벗어날 수 없다.

결혼 전에 미리 말하자

우리는 어떤 관점으로 상대의 경제력을 봐야 할까? 솔직하게 말해 보자. 앞으로 시댁이나 처가가 될 분들이 우리의 결혼을 도와주지는 못할망정 더 큰 부담이 된다면 어떻게 해야 할까?

결혼 전 상대 집에 인사하러 갈 때 우리는 "혹시 전세예요?", "담보대출이 얼마나 되요?"라고 물어보지 못한다. 자기 집을 소개할 때도 마찬가지다. 차라리 결혼 전에 자신의 형편에 대해 솔직히 털어놓자. 그래서 상대에게 선택권을 주자. 경제력 때문에 나를 떠나는 사람은 어차피 언제든 나를 떠날 수 있을 것이다.

만약 사람은 괜찮은데 경제력이 너무 없다면 어떻게 할 것인가? 이때는 과감하게 생각해야 한다. '내가 몸 고생을 좀 하겠구나! 그러나 감당할 수 있다'라고 말이다. 사람이 좋다면 경제력이 없어도 감수할 수 있다. 물론 얼마나 어려운가에 따라 달라지는 문제이긴 하지만, 경제력이 없는 것은 살다 보면 적응할 수 있다. 그것이 결코 쉬운 일은 아니지만 사람으로 인해 맘 고생하는 것보다는 훨씬 나은 일이다.

하지만 상대방에게 돈은 좀 있는데 마음에 썩 끌리지 않는다면 그만두라고 권하고 싶다. 결혼생활은 결코 만만한 것이 아니다. 돈으로만 결혼을 결정하는 것은 그 이상의 가치를 모르고 하는 어리석은 일이다. 엄밀히 말해서 경제력으로 결혼생활이 행복할 만큼 돈이 그렇게 매력 있는 조건은 아니다. 결혼해 보면 누구나가 힘든 부분은 있는데 그것을 경제력이 덮어 주지 못하는 것이다.

추측은 금물, 솔직하게 이야기하라

결혼 전 상대방의 집안 형편을 다 알고 결혼하기로 결심했다. 결혼 준비 기간은 돈이 오가는 시기다. 그래서 사소한 오해나 사고방식의 차이로 상처받기도 한다. 결혼 준비 과정에서 받은 상처와 후유증은 결국 신혼 초에 부부싸움이나 상대에 대한 불신으로 이어진다. 결혼을 준비할 때 우리는 대부분 상대의 집안을 실제보다 좀 여유롭다고 착각한다. 보기에 잘 사는 것처럼 보여도 실제 그렇지 못한 집이 허다하다. 그렇기 때문에 '결혼할 때 이렇게 해주려니' 하는 섣부른 추측은 하지 말라. 그것은 그야말로 추측에 불과할 뿐, 실제 경제적으로 여유 있는 집은 그리 많지 않다. 시원하게 돈을 잘 쓰는 사람이라도 예의상이나 성격상 혹은 경제관념이 없어서 그런 것일 수 있다.

그러니 결혼 준비 과정에서 의사소통이 정말 중요하다. 정확하게 서로의 원하는 바를 말하면 오해가 생길 가능성이 줄어든다. 남녀 모두 서로의 형편을 솔직히 털어 놓고 "우리 형편은 이 정도이니 이렇게 하는 것이 어떠냐" 하고 의견을 나누며 속마음을 털어 놓은 시간을 갖는 것이 좋다.

감수해야 될 부분도 있다

결혼을 했다. 이제는 현실이다. 둘 다 직업이 있다면 지금 어려워도 10년쯤 지나면 점차 안정될 것이니 걱정하지 말도록! 시댁을 계속 도와드려야 한다면, 처음부터 '이 돈은 우리 돈이 아니라 시댁과 같이 써야 되는 돈이다'라고 마음먹어라. 부유한 남의 시댁과 자꾸 비교하면 시댁이 미워진다. 해야 할 도리라고 생각하고 그냥 감수하라. 그것이 당신이 시댁과 행복하게 지낼 수 있는 방법이다. 어차피 돈을 드릴 거라면 마음 편히 드리는 것이 쌍방이 좋다. 친정은 어떻게 할 것인가? 될 수 있으면 양쪽 집안에 똑같이 하는 것이 좋다. 하지만 형편이 허락하지 않을 때는 시댁 2, 친정 1로 할 수도 있다. 억울하고 힘들겠지만 시간이 가서 경제적 여유가 생기면 그때 못다 한만큼 잘할 수 있다. 그러니 처음부터 화내지 말고 시간을 두고 기다리면서 형편대로 하면 남편이 미안해서 더 잘하게 될지 어찌 아는가!

돈은 우리를 가장 쉽게 지배한다. 돈의 지배를 받게 될 때 우리는 유치해지고 소심해질 수밖에 없다. 우리를 가장 잘 아시는 하나님께선 우리의 경제력과 형편까지도 다 살피신다. 우리를 끝까지 책임지실 하나님을 바라볼 때 우리는 비로소 돈에서 자유케 되며 세상과는 다른 시각으로 상대를 볼 수 있을 것이다. 로또 맞은 왕자가 와도 내 짝이 아니라면 No! 할 수 있는 여자가 되면 좋겠다.

사랑이란
뭘까?

"사랑이 뭐냐?"고 묻는다면 "글쎄요"라고 대답하는 시대다. 왜냐, 사랑이 뭔지 모르는 사람이 많아졌기 때문이다. 주변에 보면 멀쩡한 사람인데 나이 먹도록 사랑을 못해 본 사람이 제법 있다. 그들은 사랑이 왔어도 사랑이 왔는지도 모르고, 사랑이 지나가도 지나간 줄도 모르고, 어떻게 해야 될지 몰라 허우적대면서 애먼 데 노력하다 결국 놓쳐 버리는 어리석음을 범하기도 한다. 사랑이란 도대체 뭘까? 왜 이렇게 사랑하기가 힘들까?

좋아하는 것과 사랑하는 것

좋아한다고 모두 사랑은 아니다. 좋아하는 것과 사랑하는 것, 어떻게 다른가? 정신이 혼미할 정도로 좋아하면 사랑이고, 그냥 좋아하면 좋아하는 건가? 나이가 어릴 때는 좋아하는 것이고, 나이가 들었으면 사랑하는 것인가? 스킨십이 진하면 사랑하는 것이고, 스킨십이 얕은 수위에 있으면 좋아하는 것인가? 책임감이 강하면 사랑하는 것이고, 책임감이 없는 감정은 좋아하는 것인가? 당신은 어떤 기준으로 좋아함과 사랑함을 구별하는가?

짝사랑을 보면 좋아함과 사랑함의 차이를 조금이나마 알 수 있다. 우리는 짝사랑을 사랑으로 생각하지 않는다. 그것은 혼자만의 감정이고 혼자만의 생각이기 때문에 어떤 의무와 책임도 없다. 좋은 감정을 마음속에 담아 두고 그 감정을 음미하는 것으로 짝사랑은 진행된다. 좋아함은 짝사랑과 비슷하다. 안전한 자기만의 울타리에서 한 걸음도 앞으로 나아가지 않고 자기 감정을 보호하면서 혼자 행복감과 아쉬움을 느낀다. 좋아함도 짝사랑과 마찬가지로 자신의 성숙과 성장과 희생과는 거리가 멀다. 그래서 사랑이 아닌 것이다.

사랑은 자기를 포기하는 것이다. 물론 좋아서 스스로 포기하는 것이다. 상대에게 자기를 주장하지 않고 자신 안에 상대를 받아들이는 작업을 사랑이라고 한다. 그래서 사랑은 아픔도 있고 희생도 있고 책임도 있고 어려움도 있다. 좋아하는 감정의 유희로는 사랑을 다 표현할 수 없다. 자신을 포기할 수 있는 용기가 있는 사람만이 자신 있게 사랑할 수 있다. 그런데 그 사랑이 쉽지 않다. 그래서 누구나 사랑하기를 힘들어 한다.

왜 사랑하기 힘든가?

왜 사람들은 사랑하지 못하는가? 첫째, 두려움 때문이다. 사랑했을 때 상처

받을 것에 대한 두려움과 자신을 밑바닥까지 드러내었을 때 어쩔 수 없는 연약함을 보여야 하는 두려움 때문이다. 겉으로 보이는 것만이 아니라 내 삶의 총체적인 부분을 드러낼 때의 두려움은 누구나 있다. 이것에 얽매여 있다면 그는 영원히 사랑을 할 수 없을 지도 모른다. 인간이라면 누구나 이러한 두려움이 있기 때문에 대범할 필요가 있다.

둘째, 허상을 좇을 때 사랑할 수 없다. 부모님의 기준에만 맞추려고 하거나 사랑을 통해 너무 많은 것을 얻으려고 할 때 마음에 드는 사람을 만날 수 없다. 이상적인 사람을 꿈꾸거나 이상적인 사랑이 머리에 박힌 사람 역시 사랑할 수 없다. 생각과 너무 다른 현실을 받아들이지 못하는 사람은 언제나 이상 속에서만 살지 현실의 지리멸렬한 사랑을 감당할 수 없다.

셋째, 자기중심적인 사람 역시 사랑하지 못한다. 일단 주변 사람들이 그를 싫어하여 자신을 좋아해 주는 사람이 없고, 한번 만나면 정떨어지는 이기적인 모습 때문에 그 사람을 감당할 사람이 아무도 없다. 결국 이기적인 자기 세계에 갇혀서 사랑이라는 이타적인 세상으로 나올 수 없는 것이다.

마지막으로 자존감이 너무 낮은 사람도 사랑하기 힘들다. 사랑은 쌍방이 하는 것이다. 일방적인 사랑은 오래 갈 수 없다. 자존감이 낮은 사람은 사랑받는 것에 너무 자신이 없다. 따라서 감정 표현을 잘하지 못하거나, 상대의 사랑을 믿지 않고 의심하는 행동 따위로 상대에게 절망감을 준다.

사랑이란 무엇인가?

자기를 포기하는 진짜 사랑을 하려는 우리에게, 사랑은 성숙이란 선물을 가져다준다. 사랑은 자신이 얼마나 소중한 존재인지 알게 해준다. 또 사랑을 통해 나 자신이 누구이며 어떤 사람과 살아야 할지도 알게 된다. 그렇기에 사랑하기를 두려워하지 말라. 비록 또 사랑에 상처 받고 실연하더라도 말이다. 생의 큰 도전과 고통과 성숙을 주는 사랑, 이 '사랑'을 하길 진심으로 빈다.

돈 없고 좋은 남자와
돈 있고
멋 없는 남자

내 나이 서른한 살. 더 이상 가슴 뛰는 사랑이나 멋진 남자가 찾아올 일은 절대 없을 것 같은 나이에 마지막으로 절호의 찬스가 왔다! 흐흐, 웬 떡! 그것도 한꺼번에 세 남자라니! 어떤 사람을 선택해야 할까?

첫 번째 남자, 날 사랑하고 따뜻하고 세심히 챙겨 준다. 외모도 성격도 좋고 남자답다. 그런데, 결정적으로 일곱 살 아래의 정말 돈 없는 남자다. 연봉 500만 원!!! 윽~, 너무하다. (편의상 이 남자를 A라 하자.)

또 한 명의 상대는 나이는 나보다 적당히 많은 30대 중반, 외모 그럭저럭, 성격 까칠하지 않음, 적당히 예의 바르고 부담스럽지 않을 만큼의 능력이 있고 무엇보다 집이 있다. 그러나 결정적으로 사랑이 안 됨!! 그가 앞에 있어도 내 심장은 아무 반응이 없다. 윽~. (이 사람을 B라 하자.)

세 번째 남자는 진정한 친구! 에로틱한 사랑은 없지만 서로가 인격적으로 신뢰하는 오래된 친구다. 그렇지만 이성으로 느낀 적 없는, 그냥 서로 잘 아는 친구 사이다. (이 사람을 C라 하자.)

　당신은 세 명 중 누구를 선택할 것인가?

100점을 찾아서

　앞의 내용은 《달콤한 나의 도시》라는 소설을 드라마로 각색한 것이다. 드라마는 젊지도 그렇다고 나이 들지도, 직업이 전문적이지도 않은 어중간한, 서른한 살 아가씨의 선택과 결정을 현실적으로 그려 놓았다.

　우리는 상대를 고를 때 꼭 100점이길 기대한다. 하지만 그것은 착각일 뿐이다. 90점이나 80점의 가능성 있는 사람을 고르는 것도 결코 쉬운 일이 아니다. 당신들이 보고 있는 100점짜리 신랑감은 적어도 결혼생활을 10여 년 한 유부남들이다. 그는 그의 아내에 의해 10여 년 갈고 닦였기에 현재 그 모습인 것이다. 그의 성숙한 모습에는 아내의 노고가 숨어 있다. 총각들은 영적 성숙, 성격, 능력의 3박자가 맞는 일은 절대 없고, 꼭 한두 부분은 결핍되어 있다. 그러니 100점짜리를 찾는 어리석음은 버려야 한다. 한두 과목 과락(?)이 생겨도 감수할 수 있어야 배우자를 구할 수 있다.

남자는 여자의 틀이 버겁고, 여자는 남자의 인생 스케줄이 겁난다

　주인공은 A가 정말 마음에 든다. 그러나 A는 20대 중반의 장래도 불투명한 철부지 청년이다. 게다가 영화감독이 되겠다고 하면서 대학 졸업장까지 포기하고 현장 스태프로 일하면서 1년에 500만 원 버는 알바로 인생을 꾸리고 있다. 이런 남자에게 자신의 인생을 맡기는 여자는 없다. 그러나 그를 포기하기는 너무 힘들다. 정말 잘 맞고, 같이 있고 싶고, 위로가 되는데……

하지만 5분만 더 생각해 봐도 이 남자는 아니다. 영화감독이 되고 싶다고 5년 후에도 10년 후에도 그러고 있다면? 내 나이 40이 된 후에도 꿈을 먹고 사는 이 남자를 지켜봐야 하고 같이 살아야 하는데, 과연 그 시간을 감당할 수 있을까? 이 남자와 헤어지는 건 당연한 선택이다. 여자는 자꾸 남자에게 어떻게 살 것인지 계획을 세우라는 둥 다그친다. 남자는 이러는 여자의 틀이 너무 버겁고, 여자는 남자의 무책임한 인생 스케줄이 겁난다.

여자들은 안전하고 현실적이고 예측 가능한 것을 원한다. 남자는 다르다. 여자에게 맞출 수도 있지만 진정 그들이 원하는 것은 자신만의 세상을 구축하는 것이다. 자신의 이상을 포기하는 삶은 패배자이자 낙오자의 삶이라고 생각한다. 자신이 원하는 세상이 어떠하든 그런 세상을 만들어서 그 세상의 중심이 되길 원한다. 그 세상이 남들 보기에 허접할지 몰라도 A 같은 남자들에게는 자신의 이상이자 곧 정체성이다. 그런 남자에게 여자는 세상의 상식적인 일원으로 살아가라고 다그치지만 통하지 않는다. 여자는 점차 지쳐가고 결국은 이별을 고한다.

있는 그대로 볼 수 없는가?

남자, 여자가 서로를 떠나는 데는 많은 이유가 있겠지만 결정적인 것은 상대를 있는 그대로 볼 수 없기 때문이다. 상대를 있는 그대로 받아 주고 그 모습을 왈가왈부하지 않는 것은 정말 어려운 일이다. '언제까지 그렇게 돼야 하는가?', '그것을 (내 생각대로) 이렇게 바꿔야 하지 않을까?', '이 정도는 해야 결혼할 수 있는 게 아닌가.' 우리는 내 입맛대로 상대가 변하기를 바란다. 이 사람을 어떻게든 변화시켜서 내가 그리는 삶의 경로를 따라가는 사람으로 만들어야지 하는 순간, 인생은 꼬이기 시작한다. 서로 맞지 않는 옷을 입으라고 강요하는 것과 같다. A 같은 남자와 결혼하려면, 그 사람이 40세가 되어서도 영화감독으로 입봉하지 못해도 괜찮다는 마음이 있어야 한다.

결국 드라마의 주인공은 안전한 현실을 택하려고 한다. 어쩌면 이것이 정답일지도 모른다. 있는 그대로 그 사람을 받아들일 수 없다면 떠나는 게 서로를 위해 현명한 길이다.

평범하지만
매력적인 남자
알아보는 법

드라마 〈달콤한 나의 도시〉의 주인공은 결국 B를 선택하기로 한다. 평범해서 별 감정을 불러일으키지는 못하지만 그래도 무난한 이 남자와의 결혼, 해야 하나? 말아야 하나?

남들이 다 "그 사람 좋은 사람"이라고 칭찬하는데도 내게는 '별로 생각나지도' 않고 '매력도 없는' 남자라면, 어떻게 할까?

다리를 놓는 사람들은 꼭 이런 말을 한다.

"이 사람 정말 좋은 사람이야! 같이 살면 정말 잘해 줄 거야. 결혼은 이런 사람과 해야 돼."

'그럼, 자기가 하지, 왜 나에게 떠미는 건데?'

이미 결혼한 사람이라면 이렇게도 말한다.

"내가 결혼 안 했다면 이 사람하고 하겠다. 놓치면 후회해. 너 한마디로 땡 잡은 거야!"

남들은 좋다는 사람이 내겐 별로일 때, 어떻게 해야 하나?

그 남자, 첫인상부터 별로였다

그 남자의 무엇이 나를 내키지 않게 하는가? 짐작컨대 우선 외모 때문일 것이다. 잘생긴 외모까지는 바라지도 않지만 그래도 호감 가는 인상이었으면 좋겠는데, 그렇지 못하다면 이거 심각하다. 호감은 어느 정도 그 사람이 내뿜는 자신감에서 생긴다. 너무 소심해 보이거나 자기 안에 갇힌 듯 부자연스럽고 어색해 보이는 사람에게서 여자들은 신뢰감을 갖지 못한다. 물론 감정의 교류도 생기지 않는다.

인상은 그 사람이 자신을 표현하는 전체적인 이미지다. 감정의 교류가 되지 않는 상대에게 사람들은 본능적으로 거리감을 두게 된다. 그것을 결정하는 것이 바로 첫인상이다.

여자들은 잘생긴 사람보다 자신감 있는 남자에게 매력을 느낀다. 이 진실은 남자들도 얼핏 알고 있는 것 같긴 하다. 하지만 자신감 있는 남자가 되려다가 잘난 척하는 남자가 되기 쉽다. '잘난 척'과 '자신감'은 한 끗 차이로, 주제 파악을 제대로 한 것을 '자신감', 주제 파악이 안 된 것을 '잘난 척'이라고 한다. 소심남보다 더 매력 없는 사람이 잘난 척하는 남자다. 첫인상은 자신감에서 나온다는 걸 잊지 말자.

그 남자, 배려할 줄 모른다

첫인상이 별로인 남자라 해도 상대에 대한 신중한 배려가 몸에 배어 있는 사람이라면, 여자의 마음을 조금씩 열 수 있다. 그러나 그 배려마저도 하지 못할 만큼 소심하거나 혹은 삶에서 배려하는 습관이 전혀 되지 않은 남자에게는, 어떠한 좋은 인상이나 매력도 발견할 수 없다.

배려는 삶에서 묻어나는 것이다. 평생 한 번도 하지 않았던 배려가 갑자기 될 리 없다. 배려의 기본은 상대를 관용의 마음으로 대해 주는 것이다. 평소 다른 사람에 대해 마음을 열었던 사람이라면 배려가 일상화되어 있을 것이다. 하지만 자신 외에 다른 사람의 입장을 생각해 본 적이 없는 사람이라면 기본적인 생각을 바꾸는 작업부터 해야 할 것이다. 당장 여자의 마음을 얻으려고 애쓰는 것보다 다른 사람들의 마음을 헤아려 보는 노력부터 시작하는 것이 필요하다.

그 남자, 깊이가 없다

세상을 바라보는 눈이 제대로 정립되어 있는 사람은 매력이 있다. 신앙관, 직업관, 재물관, 결혼관 등이 건강하고도 바르게 세워진 사람은 매력적이다. 물론 너무 자신의 생각만을 고집하거나 현실과 동떨어진 사고를 하는 남자는 아무 생각도 없는 남자보다 더 걱정스럽다. 깊이 있는 가치관을 가지려면 내공이 쌓여야 한다. 그것은 오랜 시간 독서와 깊은 사색과 영적 훈련으로 가능하다. 얕은 지식으로 마치 다 아는 것처럼 구는 건 스스로 무덤을 파는 일이다.

통찰력 있고 건강한 가치관을 가진 남자가 보다 매력적으로 보이려면, 자신의 생각을 자연스럽고 효과적으로 상대에게 표현할 수 있어야 한다. 여기서 설득력이 필요하다. 대화하는 중에 상대방의 동의를 자연스럽게 이끌고 마음을 움직이게 하는 힘이 바로 설득력이다. 깊이 있는 생각에 자연스러운 설득력까지 갖춘다면 금상첨화일 것이다.

매력을 못 느끼는 내겐 문제 없나?

그렇다면 남자의 이러저러한 점을 보고 매력 있다, 매력 없다, 판단하는 나에게는 아무런 문제가 없는가?

감정이 생기지 않는 남자와 결혼할 순 없다. 좋은 감정으로 만나 결혼한 사람들도 잘살기가 쉽지 않은데, 남의 말만 믿고 덜컥 결혼했다가 잘산다고 누가 장담하겠는가? 내 결혼이기 때문에 모든 것은 내가 결정해야 한다.

매력 없어 보이는 그 남자와 결혼할지 말지를 결정하려면, 내가 그 사람을 정말 매력 없다고 생각하는 이유가 뭔지 알아야 한다. 나의 교만함 때문인지, 무지 때문인지, 나의 욕심과 터무니없는 희망 사항 때문인지, 부모님이 보여

준 결혼생활 때문인지, 떠나간 사랑 때문인지……. 우선 내 감정을 살펴보면 의외로 평범한 남자가 매력남으로 보일 수도 있다.

그리고 한 가지 더! 겉으로 보이는 그 사람의 모습만 수동적으로 보지 마라. 그와 함께 이것저것 해보면서 그를 더 살펴보길 바란다. 그러면 평범남에게 의외의 매력을 발견하게 될지도 모른다.

온갖 노력을 기울여 찾아 보았으나 한 줌의 매력도 발견할 수 없어 포기했다면, 그것이 최선이다. 그에게서 좋은 모습을 보려고 했으나 볼 수 없었다면, 내 사람이 아니기 때문이다.

평범하지만 매력 있는 친구

마지막으로 친구 같은 남자에 대해 말하겠다. 나는 개인적으로 이런 유형의 남자를 많이 추천한다. 해 아래 새것이 없다고, 남자 다 거기서 거기고, 여자도 다 거기서 거기다. 오랫동안 봐 왔고 친하게 잘 지내 왔다면 앞으로 결혼생활을 할지라도 큰 어려움 없이 잘 지낼 확률이 높다. 매력에 끌려 잘 알아보지도 않고 결혼을 감행하기보다 상대편 집도 좀 알고, 사는 것도 비슷한 사람이 아주 확 끌리지는 않아도 좀더 편하게 살 수 있지 않을까? 가정은 서로 맞추면서 세워 가는 것이지 누구에 의해 전적으로 세워지는 것이 아니다. 서로 맞출 수 있는 마음의 여유가 있는 사람이 적임자다.

나에게 매력 있는 한 사람을 찾아야 한다. 남들은 다 별것 없는 평범한 사람이라고 하지만 나에게 그 사람만의 매력적인 부분이 보인다면, 내 짝이 될 가능성이 높다. 평범한 사람도 매력 있어 보이고, 친구도 사랑할 수 있도록 눈을 기른다면 좋은 사람을 발견하는 건 시간문제 아닐까?

우리 식대로의
사랑법을 익히자

　우리나라 드라마와 영화에는 유난히 멜로가 많다. 많은 소재와 다양한 주제가 있을텐데도 모든 이야기의 중심에 멜로를 넣는다. 사실 멜로가 많다는 게 문제가 아니라 어떤 멜로냐가 문제다. 우리나라 드라마에 나오는 멜로는 자기중심적인 사랑이 주다. 자기만의 사랑이 최고며 그 사랑에 목숨을 건다. 게다가 자식 결혼에 감 놔라 배 놔라 하는 부모까지 가세해 불을 지핀다. 드라마에서 보이는 또 하나의 사랑 양상은 공식화된 사랑의 룰에 따르는 남녀의 정형화된 패턴이다. 자기가 처한 환경과 자기 본래의 특수성을 고려하지 않고 여자는 이래야 하고 남자는 저래야 한다는, 나름의 규칙에 충실하다는 것이다.

　연애할 때 '이벤트는 이렇게 해야 여자를 감동'시키고, 결혼할 때 '결혼식은 이렇게 해야 남들 앞에 떳떳'하고, 아이가 생기면 '아이는 이렇게 키워야 뒤떨어지지 않는다'는 식으로 말이다. 그리고 이 상식대로 하지 않으면 남녀 모두 상대적 박탈감을 느끼게 된다. 옷에도 유행이 있어서 유행 지난 옷을 입으면 촌스러워 보이는 것처럼, 남녀의 역할이나 사랑에 대한 기대가 이 룰에서 벗어나면 매우 이상하게 생각한다.

우리의 사랑은 밖을 향하는 사랑이어야 한다

그렇다면 크리스천들은 어떤가? 우리 역시 세상이 말하는 사랑의 방식 그대로 따라가고 있지는 않은가? 사랑 놀음의 룰을 아무 여과 없이 충실히 지키고 있지는 않은가?

사랑에도 방향성이 있다. 우리는 사랑의 중심축을 자기중심에서 타인 중심으로 옮겨야 한다. 즉 우리의 사랑은 원심력의 사랑, 다시 말해 밖을 향하는 사랑이어야 한다.

남녀가 만나서 알아 가고 사랑을 한다. 그러면서 바라는 것도 많아진다. 그는 나를 위해 존재하는 사람이고 나 역시 그를 위해 존재하는 사람이라고 생각하기 때문에 그렇다. 이렇게 방향이 설정되면 그 다음은 자신의 욕망과 상대의 욕망을 채우는 데 급급해진다. 만약 상대가 자신의 욕망을 채워 주지 않으면 비난을 퍼붓는다. 사랑이 약하다든지 하며 서운해하고 토라진다. 상대가 나를 중심에 두지 않았다고 생각하기 때문이다. 사랑의 방향성을 올바로 세우면 집착적인 사랑도 벗어날 수 있다. 왜 집착적인 사랑에서 벗어나야 하나면, 나 자신을 극복하지 않고는 '같이 사는 것, 더불어 사는 것'이 눈에 들어오지 않기 때문이다. 우리의 욕심은 끝이 없어서 만족이 없다. 지속적으로 자신의 욕망을 채워 가는 데 익숙하다. 그런데 언제나 그렇게 살다 보면 결국 자기 자신과 상대방에게 상처만 주게 된다. 자신을 극복하는 방식, 상대를 인정하고 상대의 방식도 존중하는 것이 사랑을 오래 지속할 수 있게 하고, 사랑을 통해 서로가 성숙하게 될 것이다.

세상이 만들어 놓은 룰에 자신을 맞추지 말자

세상의 룰에 따르지 않으면 나만 손해 보는 세상이다. 이 속에서 나 혼자 이 사회의 룰을 거슬러 가기는 쉽지 않다. 부모도 남편도 애인도 모두 욕심껏 세상의 룰을 따라 살고 있다. 부모는 자녀에게 용돈을 넉넉히 받아야 하고 때에 따라 여행도 보내 주길 기대하며, 남자 친구(또는 여자 친구)는 언제나 감동적인 이벤트로 나를 감동시켜야 하며, 부부는 모든 삶의 중심에 우리 가정이 놓이길 바라며, 내 아이는 남보다 뛰어나야 한다는 룰에서 한 치도 벗어나지 않고 살아간다. 그러나 이런 암묵적인 사회적 룰에 맞춰 산다면, 또 서로가 그렇게 되기를 기대한다면 그 삶은 불행의 시작이요 상처투성이가 될 것이다.

크리스천마저 세상과 같이 세상의 룰대로 살 필요는 없지 않은가? 상대가 좀 못해도, 감동적인 프로포즈가 없어도, 나를 여왕처럼 섬기지 않아도, 시부모가 좀 유달라도, 아이가 좀 못나도 어때? 하는 쿨한 마음으로 살 수 없을까? 내 식대로, 우리 식대로의 사랑을 개발해 보자.

임신!
이제는
혼수 필수품인가?

　요즘, 많은 연예인들이 결혼 발표를 하면서 임신 사실을 밝히고 있다. 예전에는 농담처럼 결혼 6~7개월 만에 애가 나온다고 쑥스러워하면서 말했는데 이제는 아예 아이를 혼수로 준비했다고 거침없이 말한다. 이런 흐름 속에서 결혼식까지 순결을 지키는 것이란 어떤 의미일까?

　종종 내게 모텔을 홍보하는 이메일이 날아온다. 뭐 이런게 다 있나 하고 살펴봤더니 장난이 아니었다. 애인과 같이 갔는데 이런 것들은 좋고, 저런 것들은 다른 곳이 더 좋다는 등 실감나는 후기들로 잠시 당황했다. 그렇다. 요새는 남자 친구, 여자 친구가 생기면 놀이동산에 가듯이 모텔에 가서 시간을 보내는 것이다. 열 번 가면 한 번 무료라는 스탬프 시스템도 있다고 하니, 이런 모텔이 우리 주위에 얼마나 퍼져 있는지 알 수 있다. 잘나가는 모텔 하나만 가지고 있으면 다음 해에 모텔 하나 더 지을 수 있을 만큼 수익도 대단하다고 한다.

이제 결혼 전까지 성관계를 하지 말라고 하는 것이 참 두려워졌다. 얼마나 시대에 뒤떨어진 사람으로 볼 것인가?

하나님은 인간에게 성의 즐거움을 누리도록 하셨다. 크리스천들은 성을 누리는 것이 하나님이 주신 기쁨이지만 결혼 제도 안에서만 가능하다는 일정한 규범과 제약이 있다고 생각한다. 그래서 결혼하지 않은 많은 처녀 총각들은 그 기쁨을 유보해야 하는데, 바로 여기서 문제가 생긴다.

규범에 어긋난 사랑은 옳지 못한가? 먼저 스킨십의 문제부터 생각해 보자.

스킨십은 언제부터 가능한가?

아직 스킨십을 하지 않은 남녀의 만남은 왠지 모를 긴장감을 준다. 하지만 키스를 하면서부터는 본격적인 애무 단계로 발전하는데 그 속도가 굉장히 빠르다. 키스를 하고 나서부터는 서로 이해하고 알아가는 것보다 스킨십에 더 주력하게 된다. 그만큼 키스란 게, 성이란 게 강력한 흥미와 짜릿함을 준다. 게다가 우리는 키스를 했기 때문에 서로 사랑하는 거라는 착각을 심어 준다. 이런 스킨십이 일상화되면 마치 접착제를 바른 것처럼 두 사람의 몸과 마음이 붙어 버린다. 그래서 시기가 필요한 것이다. 너무 빠르게 키스를 하면 그 사람에 대한 이해와 준비가 되어 있지 않은 상태에서 붙어 버리기 때문에, 서로 맞지 않아 떼어내야 할 때 너무 아프고 힘든 시기를 거치게 된다.

처음 사귀면서 스킨십이 시작될 때는 서로 좋은 감정이 충일하기 때문에 기쁜 마음으로 손도 잡고 포옹도 하고 어깨를 두드리고 가볍게 뽀뽀도 하면서 서로를 소중히 여긴다. 이 시기가 지나면 적극적인 키스와 스킨십이 시작된다. 키스로 시작된 스킨십은 점차 깊은 애무로 옮겨가면서 제동력을 잃게 되는데, 여기서 서로가 허용하는 범위 안에서 스킨십의 정도를 정해야 한다. 여자는 스킨십이 깊어질수록 남자가 자신에게 빠지고 열중하기 때문에, 상대를 더 깊게 끌어들이거나, 상대를 자신에게 묶기 위해 남자가 원하는 대로 허용하기도 한다. 또 남자는 스킨십 자체로 여자에게 접근하기도 한다. 즉 사랑이나 아끼는 마음보다 욕망 때문에 애무를 지속할 수도 있는 것이다. 이렇게 되면 서로 알아가고 아끼고 귀하게 여기는 과정보다 스킨십에 더욱 열중하게 되면서, 서로에 대한 오해와 착각 속에 상처를 주고받게 된다. 빠르게 진행되는 스킨십으로 육체적 진도는 빨리 나가지만 정신적 진도는 같이 가지 않아 절름발이 상태가 되기도 한다.

키스를 하고 나면 돌이킬 수 없는 것이 너무 많아진다. 관계의 형성도도 달라지고 상대에 대한 마음도 달라진다. 키스를 하고 나서는 상대에 대한 집착을 버리기 힘들다. 헤어지기도 힘들지만 헤어진 후 상처가 오래 남게 된다. 그렇기 때문에 시작하지 말아야 할 상대와는 키스를 해선 안 된다.

성, 사랑의 도구? 상처의 도구?

크리스천 여성들은 신앙 있는 남자를 높은 도덕관을 가진 '경건남'으로 보는 경향이 있다. 하지만 신앙이 아무리 좋다 하더라도 대부분의 남자들은 혼전 성관계를 갖길 원한다. 특히 결혼을 전제로 할 때 더욱 그렇다. 따라서 미리 현명하게 스킨십에 대한 기준을 서로 정해 두기 바란다.

성관계를 갖기 전에는 서로를 매력 있게 보지만 한번 관계를 맺게 되면 이상하게 상처를 주고받는 일이 더 많음을 보게 된다. 어쩌면 이것이 성이 주는 한계인지도 모른다.

성관계를 하지 않지만 깊은 스킨십 역시 우리를 부담스럽게 한다. 성관계를 하건 깊은 스킨십을 하건 중요한 것은 서로를 존중하는 것과 서로를 귀하게 여기는 마음이다. 그런 마음 없이 성에 치중한 관계는 깨어지기 쉽다. 왜냐면 성이 사랑을 지탱해 주거나 관계를 지탱해 주는 지지대가 아니기 때문이다. 신뢰와 믿음을 기반으로 한 깊은 관계가 이루어지기 전에 성관계를 갖게 되면 서로에 대한 오해로 깨어질 위험이 크다. 혼전 성관계는 옳고 그르냐를 떠나 서로에게 큰 상처를 주는 일이다. 처음 먹을 때는 달콤하지만 나중에는 그 달콤함이 독이 될 수도 있는 것처럼 성관계 역시 서로에게 처음에는 사랑의 도구가 되는 것 같지만 후에는 결국 상처의 도구가 된다.

왜 결혼 전까지 순결을 지켜야 하는가?

사실 남녀가 사랑하면 만지고 싶고 키스하고 싶고 키스하면 자꾸 몸을 더 듬고 싶은 게 본능이다. 키스가 깊어지고 애무가 깊어지면 걷잡을 수 없을 만 큼 욕망도 커진다. 이것은 크리스천인 것과는 상관없이 생기는 본능이다. 이것 을 얼마나 절제할 수 있는지가 관건이다.

크리스천 중에 즐기기 위해서만 성관계를 갖는 사람은 적을 것이다. 결혼할 것이라는 나름의 확신이 있을 때 성관계를 갖게 된다. '어차피 결혼할건데 몇 달 뒤에 성관계를 갖는 것과 지금 갖는 것이 뭐가 다른가', '지금 서로 너무 좋 아하는데 그토록 절제할 필요가 있을까?' 하며 성관계를 갖기도 한다.

하지만 분명히 말하는데, 절제할 필요가 있다. 결혼은 결혼식 전날에도 깨 질 수 있기 때문이다. 결혼 준비에 들어가면 서로의 세계관 차이가 본격적으 로 부각되면서 이 결혼을 해야 할지 말아야 할지 다시 한 번 곰곰이 생각하게 된다. 그런데 결혼 전에 아이가 생기거나 혼전 성관계를 했다는 부담감으로 결혼 선택을 자유롭게 혹은 떳떳하게 하지 못한다면 큰일이다.

결혼 전에 성관계를 하면 죄의식을 갖게 된다. 아무리 성에 개방적인 오늘 날이라도 주변의 시선과 교회에서 배운 것에서 크리스천은 자유롭지 않다. 혼전에 성관계를 했다는 죄책감이 두고두고 걸림돌이 되어 하나님께 나아가 는 데 스스로를 옭아맨다. 어차피 결혼하면 부부관계를 하기 때문에 한두 달

혹은 몇 달 일찍 시작한다고 해서 특별히 더 좋을 것도 없다. 단지 못 참겠다는 이유로 스스로에게 족쇄를 채울 필요는 없다.

사랑과 책임은 쌍둥이다. 여기서 책임이란 '당신이 나를 평생 책임져'라는 의미가 아니라 자신의 행동에 대해 스스로가 책임지는 것이다. 사랑만 하고 즐기기만 한다면 그것은 좋아하는 것이고 탐닉하는 것이지 진짜 사랑하는 게 아니다.

성의 영역도 하나님 안에서 이뤄지는 것이다

무엇보다 중요한 것은 하나님의 축복에 대한 확신이다. 결혼 전에 성관계를 갖는 것이 옳으냐 그르냐를 따지는 것보다 크리스천이라면 우리의 관계에 하나님의 축복이 있느냐 없느냐를 먼저 생각했으면 좋겠다. 우리의 모든 삶이 그렇듯 성의 영역 역시 하나님 안에서 이뤄져야 한다. 일상의 순간마다 하나님이 계신 것처럼 살아야 한다.

크리스천 중에도 혼수로 임신을 해 가는 경우가 가끔 있다. 그들에게 어떤 말을 건네야 할까? 그들은 스스로 이미 많은 상처를 입었다. 누가 뭐라고 하지도 않았지만 자매는 주눅 들어 있고 형제는 눈치를 본다. 그들에게는 각별한 위로가 필요하다.

성 개방의 시대를 살면서 나만 다르게 산다는 것이 얼마나 힘든 일인지 안다. 육체적으로 힘들고 혼자 시대에 뒤떨어진 사람처럼 답답하게 느껴져 위축될 수도 있다. 하지만 우리는 세상과 다른 사고로, 다른 식으로 살아가야 하는 사람들이다. 성 영역이야말로 현대의 가장 첨예한 영적 싸움의 장이 아닐까? 혼전 순결을 지키냐 마느냐는 문제는 자신 속에 있는 하나님을 인식하며 사느냐 마느냐로 바꿔서 생각하길 바란다.

왜 교회에
남자가 없는가?

20-30대 크리스천 여성들의 불행은 교회에 남자가 없다는 거다. 이 수십, 수백 명의 여자들은 도대체 어디서 남자를 구해서 결혼하라는 말인가? 목사님들은 믿지 않는 자와 결혼하지 말라는 말씀만 하시고, 교회에 남자는 적고, 그렇다면 우리는 미혼으로 늙으란 말인가!

믿지 않는 자와 멍에를 같이 메지 말라는 성경 말씀을 두고 많은 생각을 했다. 이 말씀을 '믿지 않는 자와 결혼하지 말라'는 의미로 해석해야 하나? 하지만 내 생각에 그 말씀은 믿는 우리를 보호하려는 말씀 같다. 믿지 않는 자와 산다는 것은 쉬운 일이 아니다. 연애 초기에는 잘 모르지만 결혼하고 시간이 갈수록 자녀를 양육하거나 집을 사거나 어려운 일이 있을 때 그 대처 방법이 다름을 명확히 알게 된다. 그나마 인격이 좋은 사람이라면 서로 타협하고 적절히 조율할 수 있으나, 그렇지 않을 경우 힘든 결혼생활을 하게 된다. 그러나 고생 끝에 낙이 있다고, 결혼생활 10년이 지나면서 남편들은 점차 신앙을 갖게 될 수 있다. 같이 살아 보니 아내만 한 사람이 없다고 느끼면서 점차 아내의 신앙을 따라가는 경우를 많이 보았다. 그렇지만 역시 그와 함께 살아가는 세월이 쉽지 않을 것을 미리 생각해야 한다. 단순히 비유하자면 믿지 않는 사람과의 결혼은 선교하러 나가는 것과 같다. 그만큼 영적 싸움도 있고 의사소통이 힘들다. 선교사로 나갈 경우 10년 넘게 일해야 비로소 결과가 조금씩 나올 수 있듯이, 믿지 않는 사람과의 결혼은 10여 년을 투자해서 얻을까 말까 한 아주 힘든 농사다.

믿지 않는 사람과의 결혼, 어떻게 해야 하는가!

대부분 교회 다니는 여자들은 신앙이 좋은 남자를 원한다. 그런데 단순히 좋은 게 아니라 저 목사님 같이, 저 선교단체 간사님 같이 신앙이 투철한 남자를 원해서 문제다. 하지만 세상에 똑같은 남자가 어디 있는가? 만약 자매들이 형제에 대한 영적 기대 수준을 아주 많이 낮춘다면 좋은 형제와 결혼할 수 있다. 신앙은 평생에 걸쳐 점차 성숙되는 것이기에 너무 젊었을 때부터 신앙을 따지지 말라. 20대에 신앙이 좋으면 얼마나 좋고 나쁘면 얼마나 나쁘겠는가? 성실함과 진실된 마음이 있다면 그의 신앙은 놀랍게 성장할 것이다.

신앙이 없는 사람과 결혼을 고려하게 될 때 어떤 점을 보아야 하는가? 우선 성품을 보자. 신앙 외에 다른 흠이 없다면 가능성은 있다. 그에게 교회를 가

자고 하기보다 하나님을 믿는 이유를 설명하는 것이 좋다. 복음에 대해 정확히 설명해 주고 시기가 되면 교회 다니는 것을 권하자. 그 전에는 섣부르게 교회 다니기를 권유하다 오히려 반발감만 살 수 있다. 결국 그에게 전도할 사람은 당신이다. 그만큼 당신의 삶이 희생적이고 헌신적이어야 그의 생각을 바꿀 수 있음을 기억하라.

사실 교회 다니지 않는 남자와 결혼하면 여자도 교회 생활에 열심을 내기 힘들다. 혼자 교회에 다니는 것도 쉽지 않고, 주말에 남편과의 약속이나 시댁의 모임 같은, 주일성수를 고려하지 않는 주변의 습관 때문에 적당히 예배만 참석하고 오게 된다. 특히 아이를 낳은 후에는 혼자 아이를 데리고 가거나 남편이 집에서 아이를 봐야 하는데 이런 것도 현실적으로 힘들다. 아무리 결혼 전에 교회 가는 것을 허락했다 해도 아이를 낳고서도 혼자 가는 것을 이해하는 남편은 없다. 결국 아이를 낳은 후에는 몇 년간 교회 다니는 것이 힘들어진다. 결국 아이 낳기 전에 남편을 교회에 데려가서 사람들과 익숙하게 만들어야 하는데, 정말 쉽지 않은 일이다.

이래저래 믿지 않는 자와의 결혼은 쉽지 않은 것이 사실이다. 하지만 가능성은 있다. 교회가 남자들의 수다 공간, 스트레스를 풀 수 있는 공간으로 인식되도록 자연스럽게 데려가 보자. 그리고 남편들이 소외되지 않도록 교회에도 도움을 청해 보자. 결국 인생은 선택하고 노력하는 것에 달려 있다.

왜 서로
다른 사람끼리
끌릴까?

서점에 가보면 인간관계나 심리에 관한 책들이 다수를 차지한다. 그만큼 사람들이 자기를 알고 또 남을 알아 좋은 관계를 맺고 싶어 하기 때문이 아닐까? 많은 심리학 책들을 읽거나 MBTI와 애니어그램 같은 심리 테스트를 하는 것은 남을 알기 보다는 자신을 파악하는 데 목적을 둬야 한다. 자신을 알고 자신의 약점을 극복하는 데 이것들을 유용하게 써야 한다.

어떤 사람들은 이 심리 테스트로 상대의 전부를 파악할 수 있는 것처럼 생각한다. 하지만 심리 테스트로 알 수 있는 것은 그 사람의 일부일 뿐이지 전부가 아니다. 사람이란 심리 테스트로는 다 설명할 수 없는 복합적인 존재다. 우리가 심리 테스트를 활용할 때 단순히 나와 상대를 '파악'하는 데 머무르지 말고, 더 나아가 나의 기질과 상대의 기질을 그대로 '인정'하는 데 사용하길 바란다.

다른 사람에게 끌린다

대부분의 사람들은 자신이 갖지 못한 부분을 가진 사람에게 매력을 느낀다. 규격화되고 전형적인 사람은 자유롭고 창의적인 사람에게, 리더십이 있고 사람들 앞에 나서는 사람은 좀 차분하고 조용한 사람에게, 활달하고 재밌는 사람은 자신의 유머에 웃어주는 사람에게 매력을 느낀다. 인간은 서로 자신이 갖지 못한 부분을 가진 사람에게 끌리는 법이다. 그것으로 자신의 모자란 부분을 채우고 완전해지고 싶은 욕망이 있기 때문이다. 그래서 처음 사람을 만날 때 자신과 비슷한 부분이 있는 사람보다는 자신과 다른 면모가 있는 사람에게 끌린다. 물론 완전히 다른 사람이 아니라 적당히 공통분모가 있으면서 다른 사람에게 말이다.

다르다는 것의 장점과 단점

내가 그 사람의 이러이러한 부분에 매력을 느꼈다면, 나에게 매력적으로 보이던 바로 그 점들이 나를 힘들게 할 것이란 생각도 해야 한다. 만약 창의력이 있는 사람에게 매력을 느낀다면 상대의 무절제함 때문에 힘든 시간을 보내게 될 지도 모르며, 틀에 박힌 규범적인 사람에게 매력을 느낀다면 나중에 그 답답함 때문에 고생을 할 수도 있다. 또 나에게 의존적이어서 보호해 주고 싶어 좋아진 사람이라면 나중에 그 의존적인 면이 나를 힘들게 할 것이란 점도 기억하면 좋겠다. 서로 닮은 점이 많아 끌려서 시작한 연애도 시간이 갈수록 다른 것을 느끼는 것이 남녀 관계다. 하물며 다른 매력 때문에 끌린 커플이라면 그 다른 것들이 분명 단점이 될 수도 있음을 기억해야 한다.

　하지만 다른 점 때문에 오히려 더 풍성한 교제가 될 수도 있다. 서로의 다른 점은 서로의 세계관을 넓힐 수 있는 장점으로 승화시키길 바란다. 또한 사람은 심리 테스트로 다 알 수 없으니 심리 테스트에 너무 의존하지 말고 서로의 진짜 모습을 서서히 알아가길 바란다. 서로 다른 부분이 보일 때 '왜 저럴까?' 하지 말고 '그럴 수도 있지' 하며 나의 사고를 열어 두기 바란다. 계속 '왜 저러지?'라고 생각하면 절대 이해할 수 없다. '저런 모습이 이 사람이구나' 하고 그냥 그 사람을 봐 주길 바란다. 밖으로 보이는 부분만이 아니라 상대 안에 감추어진 새로움과 보물들을 날마다 발견하는 연애가 되길 바란다.

왜 아무도
나에게
대쉬하지 않는가?

싱글로 지낸 지 한두 해도 아니고, 이제는 뱃살이 처지고 눈가의 주름이 부쩍 눈에 띄는 나이가 되었다. 특별히 잘난 것도 그렇다고 특별히 못난 것도 없는 평범한 나. 그동안 누구에게도 대쉬를 받지 못했다면 한번 생각해 보자. 나의 어떤 점이 문제인가? 여자들은 아마 '외모만 보는 더러운 세상' 때문이라고 할 것이다. 또 남자들은 '돈이나 능력만 중시하는 더러운 세상' 때문이라고 할지도 모른다. 하지만 결과적으로는 매력 없는 나의 문제이기도 하다. 다음 예들을 보면서 나의 어떤 행동이 매력 없음으로 비칠 수 있는지 돌아보자.

매력 없는 여자

1. 너무 징징대는 여자는 매력 없다. 처음에는 귀엽고 참신하고 솔직해서 좋아할 수 있다. 이런 여자는 남자에게 보호본능을 일으켜 언제까지나 품어 주고 싶게 만든다. 하지만 시간이 갈수록 남자는 여자의 의존성이 벅차고 힘들

어진다.

2. 뚱한 여자는 매력 없다. 자신에 대해 표현도 잘 못하고 상황 파악도 어둡고 눈치라고는 약에 쓸래야 찾을 수 없는 여자는 매력 없다. 본인의 성향이 뚱하다고 해서 계속 뚱하게 산다면 연애뿐 아니라 사회생활에서도 힘들 수 있다. 꼭 남자를 사귀기 위해서라기보다는 자신의 단점을 보완해 가는 과정이라고 생각하면 좋겠다. 상대방의 말이나 행동에 센스 있게 대답하고 행동한다면 좀더 매력 있지 않을까?

3. 상대의 일거수일투족을 참견하는 여자는 매력 없다. 처음에 여자가 잘 챙겨주면 남자들이 좋아하고 잘 받아들인다. 하지만 모든 일에 알려고 하고 참견한다면 점점 숨이 막혀 올 것이다. 남자들은 어느 정도 자유를 원하는데 여자는 남자의 모든 시간에 대해 알고 싶어 하면, 남자는 자신의 자유로운 시간을 억압당하는 것 같아 힘들어 할 것이다. 그런 여자에게서 남자들은 도망가고 싶어 한다.

4. 속이 다 보이는 여자는 매력 없다. 매력이란 보면 볼수록 새록새록 나와야 하는데 한눈에 그 사람이 다 파악된다면 그것만큼 시시하고 재미없는 게 또 있을까? 그 사람의 다음 행동이 뭔지 예상되고 틀 안에서 한 치도 벗어나지 않는다면 답답하다. 남녀 사이에는 서로를 당기는 전류가 있어야 하는데 그 전류는 서로를 알고 싶은 마음에서 생겨난다. 하지만 한눈에 다 파악되는

여자라면 그 다음엔 별로 알고자 하는 마음이 생기지 않아 남자에게 전류가 흐르지 않을지도 모른다.

매력 없는 남자

1. 눈치 없는 남자는 매력 없다. 혼자 딴 소리하고 혼자 딴 세상에 사는 것 같은 남자는 부담스럽다. 모두 웃고 있는데 혼자 싸한 농담을 해서 분위기를 망치거나, 모두 피곤해서 자고 싶은데 혼자 놀러 나가자고 하거나, 오지랖 넓게 이일 저일 참견하면서 원칙 없이 일하는 사람들을 보면 모두 고개를 돌리게 된다. 본인은 왜 인기가 없는지 알지 못하고 도리어 자신이 재밌는 사람이라고 착각하는 경우도 있다. 이런 남자, 정말 매력 없다.

2. 자신감 없는 남자는 매력 없다. 괜찮은 사람도 자신감이 없으면 왠지 약해 보이고 주눅 들어 보인다. 특히 외모가 좀 부족한 사람이 자신감까지 부족하면 그 부족함이 더 도드라져 보인다. 외모가 좀 떨어져도, 가진 게 좀 없어도 패기와 자신감이 넘친다면 충분히 매력적으로 보일 수 있다.

3. 능력 없는 남자는 매력 없다. 여기서 능력이란 생활을 꾸려갈 수 있는 경제적 능력을 말한다. 경제적 능력이라고 해서 돈을 잘 벌어야 한다는 게 아니라 적어도 자기 밥벌이를 해야 한다는 의미다. 자신의 재능을 사회에 펼치고 그것으로 생활을 꾸릴 정도의 돈벌이를 하지 못한다면 매력 없는 사람이 될

것이다.

4. 거짓말하는 남자는 매력 없다. 입만 열면 허풍 9단인 남자는 처음에 재 밌어서 호감을 가질 수 있다. 하지만 그것이 지나치면 다시는 쳐다보지도 않는다. 이상을 이야기하는 것과는 차원이 다르다. 말도 안 되는 거짓말로 자신을 포장하는 남자에게 여자는 철저히 선을 긋는다.

몇 가지 예를 들어 보았는데, 이런저런 사람이 매력 없다는 나의 주관적인 생각이 정답은 아니다. 매력 있는 사람이 되기 위해서는 먼저 자신을 사랑하는 것이 중요하다. 자신을 얼마나 사랑하고, 자신을 얼마나 객관적으로 분석할 수 있으며, 자신의 부족한 모습을 얼마나 극복할 의지가 있느냐가 가장 중요하다. 자신을 사랑하지 못하는 것이 결국 모든 문제의 근원이다. 자신감이 없고 자존감이 낮아 남의 시선에 좌우된다면 결국 행복과는 거리가 멀어진다. 남에게 매력 있게 보이기 전에 자신을 사랑하고 용납하고 단점을 극복하게 되면 자연스럽게 매력이 생길 것이고, 남들은 그런 매력을 알아봐 줄 것이다. 남들에게 보이기 위한 매력이 아니라 자신을 사랑하면서 자신의 귀함을 인정한다면, 당신만의 매력을 서서히 키울 수 있을 것이다.

동거와 결혼,
뭐가 다른가?

20대가 시작되었다. 이젠 부모 밑에서 잔소리 들어가며 살아가는 시기는 지났고, 떳떳이 독립할 수 있는 산뜻한 대학 생활이 시작되었다. 성인이 된 것이다. 다행인지 불행인지 집을 떠나 대학 생활을 하는 사람도 많다. 드디어 자유의 향기로운 행복감 속에 사랑이라는 달콤한 유혹이 시작되었다.

캠퍼스에서 사랑하는 사람을 만났다. 매일 만나도 부족하고 매일 사랑을 속삭여도 모자란다. 그(그녀)와 하루 24시간을 공유하지 못하는 것이 안타깝다. 가까운 자취방에서 따로 잠을 자야 하는 이유를 알 수 없다. 그래서 시작한 것이 동거. 생활비도 적게 들고 사랑하는 것이 분명하기에 시작한 동거다.

사랑하는 사람과 시작한 동거는 편안하고 즐겁지만 불안함과 불편함도 공존한다. 그 점에 대해 꼼꼼히 따져본 후 동거를 결정해도 늦지 않다. 동거도 부부처럼 모든 것을 공유하는 단계의 동거가 있고, 생활 공간만 공유하는 생존형 동거가 있다. 지금은 모든 것을 같이하는 동거에 대해 이야기하려고 한다.

동거와 결혼의 차이

동거는 서로에게 크게 나쁘지 않을 거란 확신에서 시작한다. 일단 부모님 모르게 할 자신이 있고, 무엇보다 서로 사랑한다는 믿음에서 시작한다. 뭐, 약간의 죄책감은 있지만 결혼하면 된다고 생각하고 떨쳐버린다. 사실 이렇게 생각하면 요즘 세상에 동거가 힘든 결정도 아니다. 어쩌면 요란한 형식에 싸인 결혼보다 사랑 하나에 기반을 둔 동거가 더 본질적인 게 아닌가 하는 생각도 들어 약간은 뿌듯한 마음도 든다.

누구는 동거해 본 후 결혼해야 제대로 사람을 알 수 있다고 한다. 결혼의 '실패'를 막을 수 있다는 말도 한다. 그러나 동거하다 헤어지면 그것은 실패가 아닌가?

동거와 결혼이 다른 게 있다면 동거는 헤어지기가 비교적 쉽고, 결혼은 쉽지 않다는 것이다. 결혼이라는 걸 하고 나면 이혼하기가 참 쉽지 않다. 결혼한 사람은 한번쯤 이혼하고 싶다는 생각을 하지만 그것이 현실화되지 않는 이유는 이혼 후의 후유증이 너무 크기 때문이다. 따라서 서로 이해하고 참으면서 자신의 한계를 넘게 되고, 사랑의 의미도 알게 되고, 사랑의 의무도 행하게 된다. 즉 사람이 된다는 말이다. 그러나 아무 거칠 것이 없는 동거는 작은 오해나 상처 또는 차이로 쉽게 가방을 쌀 수 있다. 남녀가 한방에 사는 게 그리 쉬운 일이 아니라서 맞추어 살기보다 힘들면 포기라는 단어를 먼저 떠올린다.

이렇게 헤어짐이 비교적 자유롭기에 사랑이 성숙되고 자아가 성장하는 게 아니라 자기의 이기심을 만족시켜 줄 사람만을 찾게 된다. 이렇게 쉽게 헤어지는 동거는 남녀 모두에게 큰 상처를 남긴다. 결코 이 상처를 쉽게 보지 말라.

동거하는 각자의 상황이 있을 터인데, 그것이 경제적인 이유라면 이 또한 말리고 싶다. 경제적으로 독립이 안 되는 시기라면 동거도 바람직하지 못하다. 둘이 살면 드는 돈이 반으로 줄 것 같지만 실제로 처음에는 그럴지 몰라도 나름대로 적지 않은 돈이 들기 마련이다. 경제적으로 자립하지 못한다면 동거나 결혼이나 둘 다 안 하는 게 좋다. 적어도 스스로 설 수 있는 책임감과 능력이 있을 때, 즉 성인으로서 제 몫을 다할 수 있을 때 동거든 결혼이든 가능하지 않을까?

결혼이 더 좋은 이유

결혼은 많은 준비 후에 가능하다. 쉽지 않은 결혼을 준비하면서 상대와 같이 사는 것에 대한 나름의 테스트도 하고, 결단도 하고, 위기도 넘기면서 결혼에 대한 생각들을 교정해 나간다. 한 고비 한 고비를 넘기면서 그만큼 어른이 되어 가는 것이다. 안 맞다고 쉽게 끝내는 그런 관계는 누구도 성장하지 못하고 상처만 주게 된다. 상대를 용인하고, 그러면서 나를 보게 되고 나의 부족함을 인정할 수밖에 없는 것이 결혼이다. 결혼을 한다는 건 서로가 배타적인 관계로 들어간다는 의미다. 더 이상 다른 이성을 사랑하지 않겠다는 서로의 다짐이다. 그렇기에 당신만 사랑하겠다는 의지적 요소가 있어야 결혼이 유지되는 것이다. 하지만 동거는 사랑이 식거나 변하면 이 관계를 유지할 아무런 이유가 없다. 이러한 의지적 결단이 없는 동거에 내 희생과 내 의지가 들어갈 여지는 없다. 그래서 동거가 쉽게 깨지는 것이다.

자, 당신이 현재 사랑하는 그 사람과 의지적인 사랑을 할 것인가, 감정이 흘러가는 대로 몸을 맡길 것인가?

결혼은
운명인가?

결혼에 관한 한 의외로 운명을 믿는 크리스천들이 많다. 하나님이 짝지워 주셨다고 믿는 그 사람을 기다리는 것이다. '운명의 그 사람은 어디 있을까?', '혹시 내 가까이에 있는 건 아닐까?' 결혼을 앞둔 청춘남녀라면 늘 이것이 궁금하다.

하나님이 내 짝을 예비해 두셨다는 건 어느 정도 맞는 말이다. 그러나 하나님이 몇 월 몇 시에 태어난 사람과 결혼하라고 점지(?)해 주시지는 않는다. 그럼에도 우리는 하나님이 예비해 두셨다고 믿는 나의 반쪽을 기다린다.

이렇게 운명의 상대를 기다리는 사람들의 심리는 뭘까? 사실 이들이 꿈꾸는 운명의 상대는 한마디로 내 마음에 맞는 사람이다. 눈에도 보기 좋고, 마음에도 흡족한, 그러니까 능력 있고 외모도 좋고 신앙도 좋은 사람이야말로 내 운명의 사람이라고 믿으며 기다리는 것이다. 하지만 그것은 운명을 기다리는 게 아니라 내 욕심을 만족시켜 줄 상대를 기다리는 것이다. 운명의 사람이 있다고 믿는 우리의 진짜 속마음은 무엇일까?

책임지고 싶지 않은 결정

운명이 결혼 상대를 결정한다면 여러 가지 문제를 해결할 수 있다. 선택의 어려움이나 실패에 대한 두려움 등이 한꺼번에 풀린다. 인생의 가장 중요한 선택인 결혼이란 문제에서 운명 운운하며 소극적인 반응을 보이는 이유는 선택하고 책임져야 하는 두려움 때문이다.

그러나 이런 결정은 살면서 감당하고 겪어야 할 많은 일들에 수동적으로 반응하는 출발점이 된다. 부모나 주변 사람들의 판단에 의해 혹은 막연히 운명인가 보다 하는 생각으로 상대를 결정한다면 그 후의 결혼생활에서도 주체성을 갖지 못할 것이다.

어떻게 결정하는 것이 좋을까?

크리스천은 하나님께 매시간을 의탁하며 정직하고 거룩하기를 힘쓰며 살아야 한다. 결혼 상대를 위해 기도할 때 선택과 책임이 나에게 달렸음을 알고, 하나님의 인도하심에 더욱 민감해야 한다.

결혼을 결정할 때 내 선택에 책임지기 위해 최선을 다하는 한편, 하나님께서 내게 뭐라고 하시는지 그분의 음성에 귀 기울여야 한다. 때로 이 중차대한 결정이 너무 힘들어서 포기하고 싶을 때도 있지만, 하나님의 세밀한 음성을 듣고자 그분께 더 가까이 나아갈 때 지혜를 주실 것이다.

나는 운명도 믿고 인연도 믿고 사랑도 믿는다. 그런데 사랑도 운명이고 운명도 사랑이 있어야 한다. 사랑도 인연이고 인연도 사랑이 꽃피워야 의미가 있다. 그러나 운명이라 여긴 그 사람도 세월이 흐르면 단순한 인연처럼 여겨지고, 사랑이라 믿은 그 사람도 세월이 흐르면 변하게 마련이다. 그러므로 운명이든 인연이든 사랑이든 선택의 가운데에는 하나님의 음성을 따르려는 '내'가 있어야 한다.

운명을 기다리는 처녀 총각들이여, 우연이 반복되는 인연의 모습으로 나타난 그(그녀)에게 운명의 기회를 주기 바란다. 그래야 새로운 운명이 만들어질 테니 말이다.

박충 부부를
부러워하지 마라

"하루라도 빠짐없이 안해(아내)의 얼굴을 보려고 하루에 왕복 네 시간씩 출퇴근하는 남자, 길가의 꽃을 꺾어 신문지로 곱게 싸서 안해에게 주는 남자, 퇴근길 덜컹거리는 지하철에서 곱게 쓴 잎글葉書을 안해 위해 빨랫줄에 걸어 두는 남자, 안해의 나이만큼 정성이 가득 담긴 생일 선물을 준비해서 수줍게 내미는 남자, 안해가 좋아하는 음식을 파는 가게 앞은 단 한 번도 그냥 지나치지 못하는 남자, 잠든 안해가 깰까봐 문을 닫고 조심조심 아기 똥기저귀를 빠는 남자……."

크리스천 여성들 사이에 최고의 남편감으로 꼽히면서 남자들에게는 질시와 절망의 대상이 되는 이 남자, 바로 박충이다.

솔직히 나도 그의 아내가 부럽다. 나도 신문지로 꼽게 싼 길가의 꽃묶음을 받아보는 낭만을 누리고 싶고, 나를 위해 조심조심 아기 똥기저귀를 빠는 남편의 섬기는 모습을 보고 싶다. 할 수 있다면 나도 내 남편을 박총처럼 만들어서 그의 아내처럼 여왕이 되어 봤으면 좋겠다. 아, 그러면 얼마나 좋을까?

박총을 부러워 말라

박총을 보는 자매들의 시선은 부러움이다. 박총 부부의 달콤쌉싸래한 사랑 이야기가 담긴 《밀월일기》(복있는사람)를 보면서 내 남자 친구를 본다. 대번 실망이다. 비교 안 할래야 안 할 수 없고, 부러워 하지 않으려야 않을 수 없다. 하지만 비교한다고 뭐가 달라지나?

가장 불행한 연애와 결혼은 다른 사람과 자신의 상대를 비교하는 것이다. 비교를 당하는 상대는 주눅이 든다. 자신의 존재감에 대해 제대로 이해받지 못하기 때문이다. 또 본인은 본인 나름대로 욕심이 끊임없이 솟아나 절망스럽다.

우리는 달리 생각할 필요가 있다. 박총이 내 남자 친구가 아니듯 내가 박총의 여자 친구가 아니다. 상대방을 귀하게 여기면 그 사람에게도 내가 가장 귀한 사람이 되는 것이다. 그 점을 사귀면서부터, 또 결혼생활에서도 기억해야 한다. 그렇지 않으면 정말 불행이 다가온다. 또 비교는 단순히 비교로 끝나는 것이 아니라 잔소리를 데리고 온다. 잔소리한다 해서 달라지는 것은 없다 하더라도 이렇게 해달라 저렇게 해달라 자꾸 요구하게 된다. 하지만 잔소리로 변화된 사람은 없다는 걸 기억하라. 지금까지 그를 혹은 그녀를 20-30년간 키워 준 부모도 고치지 못한 것을, 내가 뭐라고 한들 변하겠는가? 잔소리는 자발성을 없애는 최고(?)의 방법일 뿐이다.

상대방을 귀하게 여기자. 설령 그가 박총처럼 해주지 못해도 나를 사랑해주는 나만의 짝이 아닌가! 누구처럼 되라 하지 말고 상대를 있는 그대로 받아들이고 인정하고 사랑하자. 그러기 위해선 욕심이 없어야 한다. 어떻게 욕심을 버릴 수 있을까? 그건 내가 성숙한 사람이 되는 방법밖에는 없는 것 같다. 욕심 없이 상대를 보고 긍휼의 마음으로 상대를 보는 훈련이 되어야 가능하다. 내 기준을 버리고 그의 기준을 이해하고 그대로 받아들이도록 노력하는 사람만이, 욕심을 버리고 남과 비교하지 않고 상대를 있는 그대로 사랑할 수 있다.

내가 박총이 되자

박총의 삶과 당신의 삶은 다르다. 그가 처한 환경과 그가 가진 가치관과 그가 살아온 삶의 서사가 당신과는 다르다. 당신은 당신의 고유한 삶을 다르게 써나가야 할 서사가 있다. 박총 부부를 보면서 우리가 해야 할 일은 부러워하고 비교하고 그래서 끊임없이 박총이 되라고 잔소리하는 것이 아니라, 내가 박총이 되기로 결심하는 것이다. 박총의 삶을 그대로 따라 하라는 것이 아니라 자신만의 사랑 스토리를 써나가라는 것이다. 자신의 배경과 환경에서 박총보다 더 독특한 삶의 서사를 써나가며 사랑의 역사를 만들어 나가길 바란다. 그것이 진짜 행복에 이르는 길이다. 완벽한 결혼생활을 꿈꾸지 말고 자기의 삶을 자기답게 만들어 가길 바란다.

사족

이 글을 쓰고 박총과 이메일을 나누었다. 이런 글을 썼는데 책에 실어도 되냐고 했더니 선뜻 허락했다. 덧붙여 '결혼 12년차에 아이 넷을 둔 아저씨가 된 지금은 《밀월일기》처럼 살지 못한다/않는다'고 '고해'를 했다. '노루 잡은 막대기 석 삼년 우려먹는단 속담도 있듯 옛 사랑 이야기를 십 년이 넘게 우려먹을 따름'이라고 했다. '누구든 눈부신 사랑의 순간이 없었겠냐마는 남다른 감수성 덕에 그런 순간을 더 자주 느낀 것이고 또 시리도록 고운 문장에 담아낸 것일 뿐, 지금은 여느 자상한 남편들과 다를 바 없는 평범한 모습'이라는 것이다. 그래도 이 평범함은 보통 남자들이 따라하지 못할 평범함이겠지.

아, 왜 이런 남자는 적은 걸까?

코끼리 아저씨가 묻습니다

··· ?

저보다 다섯 살 많은 누나를 사랑하고 있습니다. 제가 의도한 것은 아닌데 사귀는 사람마다 늘 연상녀더군요. 연상녀 연하남의 연애가 보편화되었다고는 하지만, 주변에서 한 마디씩 합니다. 도대체 연상녀 연하남 커플, 무엇이 문제입니까?

··· !

20년 전까지만 해도 여자는 서너 살 정도 나이 많은 남자와 결혼하는 것이 거의 일반적이었습니다. 그때는 여성이 직업을 갖는 것이 극히 제한적이었고요. 여전히 남성에 비해 사회적 진입이 힘들지만 과거에 비해 다양한 분야에서 자신의 커리어를 쌓는 여성도 많아졌지요. 그래서 예전처럼 경제적으로 남자에게 의존할 필요가 없어지면서 연하남과의 연애가 힘을 얻고 있습니다.

연하남과의 연애가 매력적인 이유는 연하남의 순진함 때문이라고 할까요?

아무래도 사회 경험이 적으니 순수한 면도 있고 아직 결정되지 않은 가능성 때문에 매력적으로 보입니다. 하지만 연상녀 연하남의 연애에는 현실적인 부분을 고려하지 않을 수 없습니다.

사실 6-7년 이상 차이가 있는 연상녀 연하남 커플은 뭔가 맞지 않는 듯한 느낌을 줄 수밖에 없습니다. 여자는 남자에게 의존하고 싶어 합니다. 모든 여자들이 다 그런 것은 아니지만 여자의 특성상 남자 친구가 생기게 되면 의지하고 기대는 부분이 많습니다. 또한 남자에게는 그런 여성을 보호하고자 하는 속성이 발휘되고요. 자신이 나이가 어림에도 말입니다. 하지만 연상녀 연하남 커플에서는 이런 것들이 감추어집니다. 또 여기에 경제적인 요소가 들어옵니다. 연상녀는 일찍 경제 활동에 참여해서 자리를 잡아 경제력도 생기고 자신감도 생기는데, 연하남은 경제적 기반이 없다 보니 오히려 자신감이 없습니다. 이런 상황에서 '남성성'을 발휘할 수 없게 되면서 자신의 감정을 제대로 표현하지 못해 정서적으로 힘들게 됩니다.

연하남을 좋아하는 여자는 연하남의 유연한 사고 때문에 끌리는 경우가 많습니다. 즉 권위적이거나, 가부장적인 사람을 견디기 힘들어 하는 여자들이 주로 연하남을 좋아합니다. 하지만 연하남의 유연성을 좋아하면서도 막상 사귀게 되면 정서적으로 의지하고 기대고 싶어 하는 마음이 공존합니다. 남자도 마찬가지입니다. 연하남은 연상녀의 리더십을 좋아하고 경제적으로나 정서적으로 의존할 수 있는 여성을 좋아하면서도 또 자신에게 맞춰 줄 수 있는 '여성성'을 지닌 여자를 원합니다. 연하남을 좋아하는 여자든, 연상녀를 좋아하는 남자든 모두 이러한 이중성과 모순을 가지고 있는 겁니다. 그래서 자칫 쉽게 헤어질 수 있습니다. 하지만 연상녀 연하남 커플이 결혼하면 정서적인 연대감이 매우 깊은 것은 사실입니다. 오히려 감정적인 결합이 끈끈해 연애할 때보다 더 친밀해지고 서로에게 벽을 느끼지 않을 수 있습니다. 그래서 연상녀 연하남 커플을 적극 말리지도 적극 부추기지도 않습니다. 어떤 커플이든 장점과 단점이 공존하는 것이니까요.

··· ?

그녀와 저는 같은 공동체에서 만났습니다. 공동체 모임이 잦아 자꾸 만나게 되고 속내를 털어 놓으면서 좋아지게 되었는데요. 사람들의 눈도 있고 또 공동체 특성상 드러내 놓고 연애할 수 없는 상황입니다. 조언을 부탁드립니다.

··· !

남녀 관계란 자꾸 마주칠수록, 알아갈수록 정이 들고 사랑이 싹트기 쉽습니다. 그래서 사내 연애가 많이 생기고 교회 내에서 교제가 풍성하지요. 이것은 좋은 일입니다. 그런데 공동체 내에서 연애를 할 때 주의해야 할 점들이 있습니다.

공동체에서 고백할 때 가장 중요한 것은 시기입니다. 오자마자 너무 예쁜 자매가 있다든지, 너무 멋있는 형제가 새로 왔든지 하면 먼저 선방을 날리고 싶어 합니다. 하지만 적어도 3개월 이상을 지켜보라고 말하고 싶습니다. 수련회를 가거나 야유회를 갈 때 주의 깊게 보십시오. 그렇게 지켜보다가 정말 이 사람이다 싶을 때는 고백합니다.

하지만 주의할 것은 공동체에 자매나 형제가 새로 왔을 때 그 공동체에 뿌리를 내리지 않은 상황에서 고백하지 말기를 바랍니다. 나중에 그(그녀)와 문제가 생기면 그 사람은 공동체를 떠날 수밖에 없기 때문입니다. 그러므로 새로 온 형제나 자매가 공동체에 먼저 적응을 한 후에 고백하십시오.

여자는 남자에 비해 조심성이 많고 사귐에 신중합니다. 따라서 충분히 좋은 감정을 가지고 있어도 막상 사귀자고 하면 당황하게 됩니다. 그러므로 여자에게는 충분한 시간을 두고 자신을 보여 주는 것이 필요합니다. 자연스럽게 자매에게 좋은 모습을 보여 주어야 하지요.

만약 형제가 공동체에 처음 왔다면 여자가 너무 헌신적으로 잘 대해 주는 것은 그다지 매력이 없습니다. 오히려 부담스러울 수 있지요. 여자는 남자에게 먼저 고백하는 것보다 자신을 매력 있게 보여야 합니다. 약해 보이면서도 강하고 잘해 주면서도 주관이 있어야지요. 어렵다고요? 여자는 어느 정도 여우가 되어야 한답니다.

만약 공동체에서 오랫동안 알아 온 사람이라면 직접 고백하기보다 그 사람 주변 사람들에게 계속 좋은 인상을 주는 것이 좋습니다. 그것이 가장 효과적입니다.

또 공동체에서의 연애이기에 공동체에 피해가 되지 않도록 조심해야 합니다. 공동체에서 가장 중요한 것은 다른 사람에 대한 배려입니다. 다른 사람들에게 상처가 되거나 공동체에 분란을 일으키지 않도록 주의해야지요. 사귀게 된 후 주위 사람들에게 너무 내색하거나 표현하는 것은 공동체에 위화감을 주는 결과가 될 수 있습니다. 그래서 처음에는 공개하지 않고 사귀다가 시간이 지나 서로 확신이 생긴 후 말하는 것이 좋습니다. 처음부터 너무 공개 될 경우 서로의 관계에 좋지 않은 영향을 줄 수도 있습니다.

공동체에서 사귀다 헤어진 경우 처음 상태로 돌아가기는 불가능합니다. 특히 한 명이 상처를 많이 받았을 경우 둘 중 한 명은 떠나야 합니다. 어쨌든 서로 부딪히지 않는 게 좋으니까요.

공동체에서 사귀는 것은 여러모로 주의해야 합니다. 다른 사람들의 감정을 배려해서 둘만의 세상인 양 하는 것은 현명하지 않습니다. 둘만 속닥거리고, 둘만 뭔가 하는 것 같다면 공동체 분위기를 해치게 됩니다. 교회 공동체나 선교 단체에서 사귐을 가질 때 많은 사람들의 눈이 있다는 걸 기억하고 신중하게 처신하시길 바랍니다. 사람들이 호의적이지 않다면, 그들이 왜 그런지 물어보고 잘못을 고쳐나가는 성숙한 사귐이 되어야 할 것입니다.

PART 2

"코끼리 아저씨 고래 아가씨, 부부 되다"

코끼리 아저씨와 고래 아가씨가 뜨거운 연애 끝에 결혼을 하기로 했습니다.
그런데 시작부터 난관에 부딪칩니다. 도대체 신혼집을 어디서 구해야 할까요?
코끼리 아저씨는 친구들과 뛰놀던 숲 속에 살림집을 차릴 생각에 부풀어 있고,
고래 아가씨는 즐겨 먹던 생선을 쉽게 구할 수 있는 바닷속 멋진 조가비 집을
생각하고 있습니다. 과연, 이들의 결혼생활은 어떨까요?

● 코끼리 아저씨와 고래 아가씨 결혼 탐구서

결혼 준비
이야기

연인들을 잘 보면 참 아이러니하게도 성격이 비슷한 사람보다 전혀 다른 성격과 기질의 사람끼리 눈이 맞는 경우가 더 많다. 서로 다른 기질의 만남은 처음에는 상승작용으로 좋은 시너지 효과를 내고 보완도 되지만, 시간이 갈수록 그 다른 점 때문에 힘들어지고 견딜 수 없게 되기도 한다.

그 다름이 현실에서 불거지고 본격적으로 싸움이 시작될 때가 결혼 준비 기간이다. 그 전까지는 서로 이해하고 받아주면 되던 일인데, 막상 결혼 준비가 시작되면 서운하고 슬프고 화나고 이해 못 하고 그래서 결국 결혼을 해야 할지 말아야 할지 진지하게 생각하는 단계에까지 이른다. 하지만 이미 돌이키기에는 부담스러운 상황이 되었다. 그렇다고 계속 진행시키자니 그것도 고민되고…… 참 난감한 현실이다.

왜 이럴까? 이유는 결혼이라는 현실을 맞닥뜨렸기 때문이다. 여태까지는 좋아하는 감정만으로 모든 것이 용서되었는데, 이제 서로의 가치관이 숨길 수 없이 극명하게 드러나는 현실에 직면했기 때문이다.

결혼, 가정과 가정의 만남

슬프게도 우리나라에서는 결혼식이 즐거운 축제가 되기보다 부모와 주변 사람들의 이목을 신경써야 하는 집안 행사가 되어 버렸다. 그래서 결혼하는 당사자의 가치관보다 결혼식을 치르는 두 가정의 가풍을 보여주는 자리가 되었다. 이제 결혼식은 둘만의 언약식이라기보다 상업주의와 가족주의가 서로 뒤엉켜 싸움을 걸어온다. 그리하여 당사자들의 결혼관과 부모의 결혼관이 충돌한다. 부모님 세대들의 가치관과 젊은 세대들의 가치관이 맞붙는다. 게다가 여자와 남자의 입장 차이도 극명하다.

이 과정에서 서로 양보하며 충돌 없이 조율하면 괜찮지만, 그 과정이 길고 부담스러워 어느 한 쪽이 포기하게 되면 서로 상처 받고 뒷맛이 씁쓸한 결혼식을 치르게 된다. 결국 결혼식에서 모두 피해자가 될 수 있는 것이다.

본인이 꿈꾸던 결혼식이 되지 않을 때 우리는 서로를 원망하고 상대 집안을 비난하기 시작한다. 하지만 상대 집안을 비난하기 전에 이해하려는 마음을 갖자. 가정마다 20-30년 넘게 지녀 온 생활양식이 있다. 그것은 지역에 따라, 연령에 따라, 경제 형편에 따라, 생활 습관에 따라, 가치관에 따라 다르다는 것을 인정해야 한다. 우리 집 방식이 올바르고 상식적인 기준인 것 같아도 이것이 기준이라고 고집할 수 없다. 모든 것을 내 기준으로 맞춰 달라고 할 수도 없다. 자신의 기준을 버리고 일단 상대의 방식에 귀 기울이는 연습을 해야 한다.

결혼식의 주인공

그렇지만 결혼에 대한 결정권은 궁극적으로 당사자들에게 있기 때문에 우선 두 사람의 마음을 맞추는 것이 필요하다. 결혼에 대해 분명한 선을 긋고 당사자가 준비할 것과 부모님이 결정해야 될 부분들을 나누어야 한다. 예를 들어 예단 같은 부분에서는 부모님의 의견을 존중해 드리고, 결혼 예식이나 예물, 주례 선생님, 신혼 집, 가전제품 같은 것들은 당사자들이 결정하는 것이 좋다. 이 과정에서 가장 중요한 것은 결혼의 주인공은 당사자들이라는 분명한 인식이다. 자기의 결혼을 남이 해주는 것처럼, 혹은 남을 위해 하는 것처럼 준비하는 것은 어리석다. 부모님과 친분이 있는 분이 주례를 맡고, 부모님이 원하시는 곳을 식장으로 잡고, 부모님이 원하시는 식순으로 한다면 그것은 부모의 결혼이다. 최소한 당사자들이 모시고 싶은 주례 선생님과 장소 그리고 식순 정도는 정하고 그것에 대해 부모님을 설득할 수 있어야 한다. 그것조차 제대로 못한다면 이 후의 결혼생활도 쉽지 않다.

하지만 각 가정의 가풍을 무시할 수는 없기 때문에 상대방에게 서로의 가정 환경 등을 잘 설명해 주고 이해를 구해야 한다. 자기 집과 상대방 집의 부족한 점을 그대로 인정하고 서로 공감할 수 있는 기회를 가지라는 것이다. 그렇게 되면 상대에 대해 더 자세히 알게 되어 결혼생활도 잘 풀어갈 수 있다. 그런데 약점이 있는 집일수록 그것을 감추고 이해시키려 하지 않기 때문에 평생 껄끄러운 경우도 있다. 결혼식을 준비하면서 서로 상처를 주고받을 수 있지만 서로를 인정하고 그 생활방식에 익숙해지려고 하는 것이 결혼을 준비하는 현명한 태도다.

이해도 안 되고 속상할 때마다 하던 일을 걷어치울 수는 없다. 결혼 준비하다가 내 마음에 맞지 않다고 결혼식을 집어치울 수는 없지 않은가! 나는 완벽한 사람이 아님을, 그래서 우리 집도 완벽하지 않고, 상대 또한 그러함을 인정하자. 아, 코끼리 아저씨와 고래 아가씨는 대체 어떻게 결혼했을까?

그와 그녀, 대화가 통하지 않는 이유

코끼리 아저씨와 고래 아가씨가 결혼을 했다. 그런데 어디서 살림을 차려야 할까? 고래 아가씨는 당연히 바다에 살림집을 차려야 된다고 생각한다. 여자가 주로 가사를 담당할테니 여자에게 익숙한 곳에서 살림을 시작하고 싶기 때문이다. 한편 코끼리 아저씨는 당연히 육지에서 살아야 한다고 생각한다. 결혼을 하면 고래 아가씨는 출가외인이기 때문에 바다에서 나와 자신의 방식과 시댁의 가풍을 따라야 한다고 생각하기 때문이다.

이렇게 서로의 입장 차이가 분명할 때, 코끼리 아저씨와 고래 아가씨는 어떻게 해야 할까?

자기를 이해하리라는 막연한 환상을 버려라!

연애 시절, 여자는 한 남자의 공주였다. 하지만 언제까지 공주로 남아 있을 수는 없는 법! 내 말에 귀 기울여 주고 내 말 한 마디에 쩔쩔매는 기사는 결혼과 더불어 이제 없다. 때로 남자에게 응석을 부리고 귀여움도 떨었지만 결혼이라는 제도 안으로 들어와 이제는 누구의 도움도 없이 온갖 난관을 헤쳐 가야 한다.

　남자든 여자든 가장 첫 번째로 할 일은 '상대가 나를 이해하겠지'라는 환상을 버려야 한다는 것이다. 그것이 대화를 잘 풀어나기 위한 첫단추다. 나와 달라도 너무나 다른 상대방과 어떻게 대화를 나누어야 할까? 사실 남녀간에 대화가 잘 통하기란 쉽지 않다. 남자와 여자의 대화법이 다르고 상대의 말을 듣기보다 자신의 입장을 대변하기에 바쁘기 때문이다. 자신의 입장을 설명하고 그것에 정당성을 부여하고 상대가 따라와 주길 바라기 때문에 타협의 여지는 별로 없다. 이렇게 자신의 감정과 생각에만 충실할 때 대화는 가능하지 않다. 상대에게 자신의 말이 통하지 않으면 남자는 화로써 답답함을 표현하고 여자는 울음으로 자신의 상태를 표현한다. 하지만 이것은 해결책이 아니다.

　말이 통하지 않아 결국 싸움으로 번지게 되었을 때 여자는 감정적으로 상처를 받고 상대에 대한 신뢰감을 잃게 된다. 사랑하는 사실은 변함이 없다손 치더라도 의사소통에 계속 문제가 생기면 지속적인 관계가 어렵다. 이럴 때 빨리 화해하며 대안을 제시해야지, 그렇지 않고 시간이 지나면서 대충 얼버무리는 화해는 앙금을 남긴다. 그리고 같은 문제가 생기면 풀지 못한 앙금이 수면 위로 떠오르고 또 실망을 거듭하게 된다.

어떻게 풀어야 하는가?

일단 상대의 얘기를 잘 들어 주는 것이 필요하다. 둘 중에 한 명은 무조건 들어 줘야 한다. 상대의 얘기를 정확하게 그 의미까지 이해하면서 들어주면 갈등의 절반은 해소될 수 있다. 처음부터 끝까지 말을 끊지 않고 들어주면 상대도 나름대로 타결책을 제시할 수 있다. 상대의 입장을 이해하는 것이 무엇보다 중요하고 기본적인 일이다. 한 명이 먼저 들어준 뒤 다른 한 명이 자기 생각을 말하는 식으로 하면, 최소한 하고 싶은 말이라도 다 했다는 후련한 마음이 들 수 있을 것이다. 그 다음 해답을 찾아보자.

화가 나면 우선 분을 삭이고 왜 그러는지 물어본 후 그 모습이 이해되지 않으면 이해되지 않는다고 솔직히 말해야 한다. 상대를 정말 이해할 수 없다면 그 부분을 그냥 남겨두라. 그렇다고 상대를 비난하는 말을 해서는 안 된다. 상대의 감정을 상하게 하여 (순간적인 우월감이나 승리감으로) 자기 마음은 좀 편해질 수 있을지 모르지만 그것은 상대와 의견을 주고받으며 대안을 마련할 수 있는 기회를 버리는 것이다.

상대의 말을 다 들어준다고 해서 상대를 다 이해해 주는 것도 아니다. 실제로 그렇게 이해력이나 포용력이 있는 이상적인 커플은 없다. 만약 이런 커플이 있다면 둘 중 한 명이 전적으로 희생하고 있음이 틀림없다.

육지에 사는 코끼리와 바다에 사는 고래처럼 우리의 결혼도 서로 이해할 수 없는 많은 부분들을 안고 시작한다. 따라서 극복해야 할 일과 끊임없이 노력해야 할 것들이 한두 가지가 아니다. 편하려고 결혼한다면 큰 오산이다. 편하자고 한다면 혼자 사는 것만큼 좋은 방법이 없다. 결혼하면서 이익을 보려는 자세는 버려야 한다. 한 사람만이 노력해서 되는 결혼은 없다. 자신에게 편하고 좋은 것임에도 상대 때문에 기꺼이 버릴 수 있는 모습이, 결혼 후의 모습이 되어야 하지 않을까?

밤이
무서우십니까?

결혼 전에는 스킨십에 대해 많은 정보를 얻고, 여러 매체를 통해 성을 접하지만, 막상 결혼하고 나면 당장 첫날밤을 어떻게 치러야 하는지 몰라 막연함과 두려움을 느끼는 신혼부부들이 많다. '해 보면 안다'는 선배들의 이야기는 신혼부부에게 야속하기만 하다. 오랜 시간 첫날밤을 기다렸는데 실패로 끝날 때의 낭패감이란……. 첫날밤, 어떻게 준비해야 할까?

첫날밤, 어떻게 치를 것인가?

크리스천 부부에게 첫날밤은 왠지 모를 부담감이 가득하다. 남자라면 더할 것이다. 부부관계를 맺을 때 자신이 주도해야 된다는 강박관념과 성공해야 된다는 부담감이 있기 때문인데, 생각은 굴뚝같지만 어떻게 해야 될지 모르는 상황에서 여자와 한 몸을 이루기란 쉽지 않다. 욕심이 앞서면 실수도 하고 몸은 더 긴장하게 된다.

여자는 첫날밤에 '남자가 다 알아서 하겠지' 하고 생각하는데 그것은 잘못된 생각이다. 단지 성에 대해 쉽게 접할 뿐, 실은 남자도 잘 모른다는 것을 알아야 한다. 경험이 많은 남자가 아니면 위치조차 잘 찾지 못한다. 그래서 첫날밤을 치를 때 꼭 성공해야 한다든지, 상대를 만족시켜야 된다는 망상을 버려야 한다. 첫날은 둘이 합심해도 성공하기 힘들기에 편한 마음으로 한번 시도하고 잘 안되면 다음날 다시 시도하는 것이 현명하다. 첫날 실패했다 해도 주눅들지 않게 서로 격려해야 한다.

첫날밤을 성공적으로 치렀다면 남자는 어쨌든 마음이 놓일 테지만 여자에게는 무지 아픈 일이다. 이것은 생물학적으로도 상처이기 때문에 불편한 몸과 부담스런 마음이 자리 잡을 수 있다. 그래서 첫날밤 이후 여자들이 약간의 공포나 두려움을 갖게 되어 부부관계를 피하게 될 수도 있다. 주변을 보면 아내가 부부관계에 질색을 하면서 의무적으로 일 년에 몇 번 하는 부부도 있는 것 같다. 서로 배려가 필요하다. 아내는 남편이 미숙하더라도 격려와 인정을, 그리고 남편은 아내의 긴장된 몸과 마음을 세심히 풀어주는 노력을 해야 한다.

부부관계도 노력이 필요하다

부부관계도 노력해야 발전한다. 결혼생활도 자신을 죽이고 서로 맞춰가며 살아야 행복하듯이 부부관계도 서로 노력해야 기쁨을 누릴 수 있다. 크리스천들에게는 알게 모르게 경건과 금욕의 습관이 모든 생활에 뿌리박혀 있어 부부관계에도 소극적이 되기 쉬운데, 이것은 하나님이 허락하신 결혼의 즐거움을 온전히 누리지 못하는 것이고 자신이 누릴 행복 중 하나를 버리는 것이다.

결혼하고 아이를 낳은 여자들 중에도 의외로 성의 즐거움을 맛보지 못한 사람이 많다. 여자의 오르가즘은 남편의 사랑을 마음으로 느끼는 심리적인 것에서 비롯된다. 재촉하지 않고 편한 마음으로 대화를 나누면서 여자는 자연스럽게 부부관계에서 즐거움을 느끼게 된다. 또 여자는 정신적인 편안함이 전제되어야 하고, 가정적으로 안정되어 있고, 남편의 솔직하고 적극적인 행동이 있어야 비로소 성의 기쁨을 누리게 된다. 남자들이 이런 여자의 특성을 잘 알고 배려해 준다면 두 사람 모두 만족하는 부부관계가 될 것이다.

부부관계에서 가장 중요한 것은 솔직함이다. 솔직함은 부끄러운 것도 아니고 음탕한 것도 아니다. 솔직한 의사소통은 부부관계 발전에 절대적인 필요조건이다. 하나님이 허락하신 성의 즐거움을 솔직한 대화와 서로에 대한 배려로 아낌없이 누렸으면 한다.

임신과 육아 때 어떻게 해야 하는가?

임신을 하면 여자에게는 성생활에 대한 욕구보다는 모성이 강하게 발동한다. 또 임신 말기에서 출산 후 몇 달간은 부부관계를 금하기 때문에 적어도 5-6개월 정도는 부부관계를 할 수 없다. 이때 부부관계를 원하는 남편들 가운데 우울증에 걸리는 사람도 있는가 하면, 이 문제로 싸우는 부부도 많다고 한다.

아이를 낳고 기르면서 아내들은 거의 잠을 자지 못하는데, 남편이 일주일에 한두 번이라도 아이를 맡아 준다면 미안해서라도 남편의 욕구에 응하게 된다. 하지만 육아의 몫이 자신에게만 있고 그 짐을 남편이 나눠지지 않는다면 성적 욕구는 피곤에 밀려 멀리 달아나 버린다. 그러니 남편들이여, 자신의 성적 욕구만 강요하지 말고 아내의 상황을 이해하고 그에 맞는 타협점을 찾아야 될 것이다.

부부관계는 부부를 행복으로 이끄는 통로가 되기도 하고 잘못하면 이것 때문에 헤어지는 계기를 만들기도 한다. 인생의 여러 단계마다 서로 돕고 배려하여 진정한 부부관계의 기쁨을 누리기를 바란다.

부부관계,
기도하고
시작해야 하나요?

부부관계는 쾌락과 친밀감 형성이라는 두 가지 요소가 복합적으로 만족되어야 한다. 즉 단순한 쾌락만이 아니라 서로에 대한 신뢰와 이해가 모여 성생활에 기쁨을 더해 주는 것이다.

서로 신뢰하지 못하고 배려하지 않는 육체적 관계는 잠깐의 쾌락을 줄 수 있지만 인간의 여러 욕구들이 만족되지 않기 때문에 큰 위로와 기쁨이 되지 못한다. 그래서 부부의 성 안에 육체적 요소와 심리적·정서적 요소가 같이 만족되어야 사실상 온전한 부부관계가 되는 것이다. 부부들이 실제 성생활을 하면서 느낄 여러 질문들을 하나씩 점검해 보자.

야한 비디오를 보면서 하는 부부관계는 어떤가?

비디오 대여점의 절반을 차지하는 '빨간 비디오'는 사실 뭇 남자들이 선호하는 상품이다. 그래서 그 많은 '야동'이 끊임없이 생산되고 있지 않은가. 이것들은 감각적인 자극으로 사람을 흥분시킬 뿐, 부부관계에 이런 것이 끼어들면 좋지 못하다. 빨간 비디오는 성을 상품화하고 비정상적인 관계를 통한 왜곡된 가치관을 심어 주어, 아무리 비디오를 보며 흥분을 느낀다 하더라도 이것이 부부관계에 도움을 주는 것은 아니다. 가짜로 연기하는 배우들의 행위가 아니라 '실제로 사랑하는' 부부의 행위가 더 깊은 기쁨과 만족을 준다. 그뿐 아니라 비디오 연기자들은 자극을 위해 '오버하는' 경향이 있어 상대방이 그렇게 하지 않을 때 쓸데없는 비교를 하게 된다.

자위행위는 어떤가?

결혼한 후에도 자위행위를 지속적으로 하는 사람이 있는데, 좋지 않은 일다. 자위를 하면 자꾸 그것에 집착하게 되고 음란한 생각을 계속하게 된다. 아내가 출산이나 육아로 부부관계를 할 수 없는 시기가 되면 일부 남자들이 어쩔 수 없이 자위행위를 하기도 하는데, 그럴 때 자위를 많이 한 사람은 실제로 부인과 관계를 맺을 때 만족하지 못할 수 있다. 왜냐면 자위행위는 본인이 좋아하는 대로 자신의 성기를 만지고 본인 위주의 만족을 추구하기 때문이다. 이런 식의 자위행위를 지속한다면 정상적인 부부의 성관계로는 만족하지 못할 수 있다. 부부 간의 건강한 성관계를 위해 자위행위는 자제하기 바란다.

부부관계를 하기 전에 기도해야 하나?

부부가 마음이 맞아서 기도하고 시작하면 좋겠지만 서로 믿음의 분량이 다르기 때문에 한쪽에서 부담을 갖는다면 하지 않는 게 좋다. 기도로 시작하는 것은 경건의 모양 때문만은 아니다. 부부관계의 기쁨 역시 하나님이 주신 것이기에 그 안에서 온전한 기쁨을 누리고 싶은 마음으로 기도하는 것이다. 만약 기도하는 것이 마음에 불편하다면 하지 않아도 좋지만, 서로 돕고 기쁨을 찾아주고 위로가 되기 위해서라면 기도하는 것도 좋다. 같이 하는 것이 부담스러우면 따로 해도 무방하다. 만약 부부관계하는 것에 대한 두려움이나 무서움이 있다면 그것을 솔직하게 하나님께 아뢰는 것이 좋지 않은가!

부부관계를 계속 거부하면 어떻게 해야 되나?

한쪽이 계속 거부하거나, 드러내고 거부하지는 않지만 불편해 하거나 마지못해 하는 것 같은 태도를 보일 때 상대방은 자존심에 상처를 입는다. 이 문제는 누구와도 상담하기 힘든 부분이라 당사자가 많이 위축된다. 이럴 때는 거부하는 이유를 분명히 말해야 한다. "피곤해서", "몸이 안 좋아서", "그럴 분위기가 아니라서"라는 식으로 회피한다면 그것은 배우자의 의무를 저버리는 것이다. 그렇다면 어떻게 해야 하는가? 서로 이야기해서 일주일에 몇 번으로 정하는 것이 좋다. 일반적으로 20대는 2-4일에 한 번, 30대에는 4-6일에 한

번, 40대는 6-8일에 한 번을 권하지만 사람에 따라 욕구가 다르기 때문에 그것은 서로 맞춰서 할 일이다. 중요한 것은 부부관계는 내 욕구를 만족시키려는 수단이 아니라 서로의 욕구에 최선을 다해 응해야 될 의무라는 것이다.

상대가 즐거워하지 않으면 어떻게 해야 하나?

부부관계 후 상대의 반응이 궁금하다. 무덤덤하게 반응하는 사람이 있는 반면, 어떤 사람은 좀 과장해서 표현하기도 한다. 감정을 자세히 말해 주는 사람이 있고, 잘 표현하지 못하는 사람이 있다. 그래서 상대의 반응이 영 시원치 않아도 내가 잘 하지 못해서 그런 거라고 생각하지 말기 바란다. 엄숙주의에 익숙한 크리스천이기에 성의 기쁨을 표현하는 데 익숙하지 못해서일 수도 있다. 따라서 혼자 미루어 짐작하기보다 궁금하면 물어보기 바란다. 어떻게 해야 더 즐거운지, 어떻게 해줘야 더 편한지를 솔직하게 대화하면서 알아가는 것이 필수적이다. 신혼 초기에는 익숙하지도 않고 잘 모르기 때문에 어떤 것이 더 나은지 모르겠지만 점차 다양한 방법으로 부부 간의 친밀감을 키워 나가는 것이 좋겠다.

부부관계를 하면서 부끄러워 말을 못하거나 자존심 때문에 제대로 표현하지 못하는 어리석음을 범하지 말기 바란다. 주님이 허락하신 성의 즐거움을 평생토록 알지 못하고 산다면 너무 불행하지 않은가!

부부싸움의
내막과 전말

부부싸움! 이것이야말로 살아 가면서 가장 풀기 힘든 문제 중 하나가 아닐까? 세계평화보다 가정의 평화를 이루기가 더 힘들다고 누가 말했던가! 오죽하면 〈장미의 전쟁〉이란 영화까지 나왔겠는가? 부부싸움은 사소한 것으로 시작하여 끝내 '전쟁'을 방불할 만큼 심각해진다. 누구도 왜 시작했는지 모를 정도로 사소하고 미묘한 일이 발단이다. 예를 들어 오늘 컨디션이 좋지 않았는데 남편이나 아내가 그것을 전혀 이해하지 못하고 불평할 때, 나 역시 스트레스를 풀 빌미를 찾고 있던 터라 참지 못하고 터지는 경우다. 결국 부부싸움은 누군가 별 말없이 참아 주거나 받아 주면 대개는 그냥 넘어가지만, 그렇지 않고 나도 살아있음을 증명이라도 하듯이 내 생각과 고집을 내세우게 되면 그 때부터 평화는 사라진다.

결국 부부싸움이란 자신의 영역을 침범당했다고 느껴질 때 시작되는 것이다. 그렇게 시작된 싸움은 결국 두 사람 모두 상처투성이가 될 때까지 싸우게

된다. 대부분 여자는 눈물로 마감하고, 남자는 집 밖으로 나가거나 방문을 세
게 걸어 잠근다. 그때부터 열전과 냉전을 오가며 설전을 벌이다 보면 몸도 마
음도 힘들고 상대에 대한 원망이 하늘을 찌른다. 이것이 부부싸움의 결과다.
서로를 괴롭히고 상처입히는 것이 우리에게 남은 포획물이다.

부부 문제는 부부가 해결하자

부부싸움을 하고서 우리는 누가 잘했고 누가 잘못했는지, 누가 맞는지 누
가 고쳐야 되는지 알고 싶어 하고 평가받고 싶어 한다. 그래서 누군가가 시시
비비를 가려 주길 바라지만 부부싸움에서 누가 옳고 그른지 대신 증명해 줄
사람이 없다는 것을 알기 바란다.

자신이 옳음을 증명하기 위해 주변 사람들을 동원해서 상대에게 압력을 넣
는 경우도 있는데, 이것은 오히려 부부관계에 악영향을 미친다. 부부의 문제
는 부부가 해결해야 한다. 그 누구도 대신 해결해 줄 수 없다.

부부싸움에서 자신의 옳음을 증명하기보다 상대의 생각을 이해하는 것이
더 필요하다. 상대가 그렇게밖에 행동할 수 없다면 그것이 그 사람이 살아가
는 방식인 것을 인정해야 한다. 그 방식의 옳고 그름에 대해서는 충분히 이야
기할 수 있지만 상대에게 일방적으로 고치라고 할 수는 없다. 그것은 상대를
인정하지 않는 것이기 때문이다.

 사실 부부싸움은 그 사람이 살아가는 방식과 밀접하게 연관되어 있기에 쉽게 답이 나오지 않는다. 그럴 때는 마음이 넓은 사람이 수용하는 수밖에 없다. 조금 더 이해심 많은 사람이 양보하는 수밖에 없지 않은가! 서로의 방식이 존중되는 가운데 양보할 수 있다면 조금씩 성숙해 가겠지만, 자기 것을 계속 고집한다면 결혼에 대한 기본자세가 갖추지 않은 것이다. 상대를 괴롭게 하는 게 결혼의 목적이라면 모를까, 그것이 아니면 서로 양보해야 될 의무가 있다. 부부싸움을 잘 하기 위해서는 부부 간의 룰을 만들고 그 룰을 지켜가야 한다. 룰을 만들 때는 서로 합의 하에 만들어야 한다. 일방적으로 본인에게 편한 룰을 만들거나 상대가 지키지 못할 룰을 만든다면 결국 헛수고일 뿐이다.

부부싸움을 할 때 해서는 안 되는 일

 1. 끝까지 가는 것은 안 된다. 나도 성질 있다고, 나도 한 성격 한다며 끝까지 가면 더 이상 서로를 존중하거나 존경할 수 없게 된다. 화가 나거나 힘들어도 성질을 내거나 분노를 폭발하지 말고 감정을 조절해 가며 합의점을 찾는 것이 중요하다. 어떤 사람은 마음이 상하면 오랫동안 아무 말 하지 않고 찬바람 나게 대하거나, 싸움 직후 집을 나가기도 하는데, 그것 역시 상대를 괴롭힐 따름이다. 왜 화났는지 말하고 그것에 대해 서로 해명하는 것이 사태를 악화

시키지 않는 방법이다.

2. 주로 남자는 힘으로, 여자는 입으로 싸우게 되는데, 그 장점(?)을 서로 접어 둬야 한다. 남자들은 화가 난다고 주변의 리모콘, 휴대폰 등을 던지거나 심하면 벽을 치기도 하는데 절대, 해서는 안 된다. 처음에는 리모콘이었지만 나중에는 무엇을 던질지 모른다. 화가 난다고 해서 무엇을 던지거나 부수는 행동은 금물이다. 잠재적인 폭력성이 억제되지 않는다면 상담을 받기 바란다. 또 여자는 말로 상대를 자극하는데, 상대에게 이기는 것이 중요한 게 아니라 해결점을 찾는 게 싸움의 목표였음을 기억하고, 상대를 비난하거나 따지기보다 상대를 구슬리는 지혜의 언어를 찾아야 한다.

3. 싸움의 과정과 결과에 대해 주변 사람을 끌어들이지 않는다. 내 편을 만들려고 주변 사람들에게 싸운 내용을 말해서 상대방에게 무언의 압력을 넣지 말아야 한다. 싸움은 두 사람의 사적인 일이니 그것으로 끝을 봐야 한다. 제3자가 이러쿵저러쿵하면서 싸움에 훈수를 둘 수는 없다. 여자들이 주로 친정이나 주변을 통해 이야기하고 자신의 정당성을 확보하려 하는데, 부부싸움은 전적으로 두 사람의 책임이며 친정 부모나 시부모가 나서서 이러니저러니 하는 것은 오히려 문제만 더 커지게 될 뿐임을 기억하자.

4. 상대의 가정사나 약점을 공격하지 말아야 한다. 상대를 더 깊이 알아갈수록 상대의 약점도 더 잘 알게 되는데, 이것을 공격하는 것은 가장 야비한

태도다. 내가 억울하다고 상대의 약점을 공격하면 그만큼 서로 실망하고 신뢰를 잃게 된다. 가정사는 서로 문화가 다르고 배경이 다른 그 가족들만의 독특한 문화이기 때문에 공격해서는 안 되는 지점이다. 상대의 가정사나 약점을 긍휼의 눈으로 보기 바란다. 싸울 때마다 상대의 약점을 건드리고 싶은 게 인간의 악한 본성이지만, 그것은 관계를 더 그르칠 뿐이다.

부부싸움도 잘만 하면 약이 되고 오히려 관계를 더 긴밀하게 한다. 보통 남편들 중에 화해한다며 부부관계로 대충 풀려는 사람이 있는데, 이것은 제대로 된 문제 해결 방법이 아니다. 싸운 이유를 분명히 알고 서로의 차이를 인정하는 과정을 거쳐야 한다. 그렇지 않으면 후에 또 같은 문제로 싸우는 자신들의 모습을 발견할 지도 모른다.

상대의 싫은 모습, 어떻게 해야 하나?

커다란 잘못이 아님에도 상대의 특정한 행동이 계속 마음에 들지 않고 거슬리면 어떻게 해야 할까? 그것은 각기 독특한 취향 문제니 아무리 배우자라 해도 그것을 고쳐라 말아라 할 수는 없다. 그것이 계속 신경 쓰인다면 자기중심적인 성향 때문이라고 생각을 바꿔 보자. 그러니까 그것은 상대의 문제가 아니라 내 문제이다. 조금 더 넓은 마음으로 상대를 수용해 보길 바란다. 사실 이것은 결혼생활뿐 아니라 회사 동료 관계, 친구 관계 등 어디서나 생길 수 있는 문제다. 사람마다 개성이 있고 취향이 있기 때문에 큰 잘못이 아니라면 배우자의 행동을 이해해 주기 바란다. 다른 사람에게 강요할 수 없는 것을 배우자라고 해서 강요하는 것은 잘못된 것이다.

아직도 살아 있는 고부 간의 갈등

21세기에 "무슨 케케묵은 고부 간의 갈등이냐?"라고 말하겠지만, 문화라는 게 그리 쉽게 변하지 않는다. 여자들에게 시댁은 여전히 불편하고 쉽지 않은 곳이고, 불행하게도 시어머니는 그 정점에 계신 분이다. 시어머니와 며느리의 갈등, 이 해묵은 주제만큼 드라마의 단골 소재가 또 있을까? 다양한 양상으로 변주되는 고부 간의 갈등. 해법이 있다면 좋으련만 사람마다 케이스마다 다르니 자신에게 맞는 방법을 찾아야 한다.

마마보이를 키우는 시어머니

마마보이는 어머니의 과도한 사랑과 나약한 아들이 빚어낸 결과물이다. 마마보이의 특징은 자신의 삶을 본인이 아닌 어머니가 좌지우지 한다는 것이다. 어머니의 절대성은 아들 스스로 인생의 고민과 책임을 떠안지 못하게 한다. 어머니가 대신 선택해 주고 대신 결정해 주는 것이 자신도 편한데, 굳이 어머

니 말을 어길 이유가 없는 것이다. 직업을 선택할 때도 결혼 상대자를 구할 때
도 하다못해 옷 하나를 고를 때도 어머니의 선택과 취향이 그에게는 중요하
다. 아들은 부모와의 분리가 왜 필요한지조차 모른다. 부모가 그의 보호자이
고 그의 삶을 이루는 모태인데 구태여 밖에 나와 새로운 가정을 이루기 위해
애쓰지 않는다. 그래서 자신과 같이 어머니 품 아래서 보호 받을 수 있는 여
자를 찾게 된다. 아니면 어머니를 대신해 자신을 보호할 수 있는 어머니 같은
여자를 구한다.

　이런 남자와 결혼하려는 여자는 어머니와 남편의 이해 관계와 애증 관계를
빠르게 분석하여 자신이 '남편의 어머니'가 될 것인가? 아니면 '남편의 어머
니 안에' 같이 살 것인가? 아니면 남편을 성숙시켜 '한 남자'를 만들 것인가
결정해야 한다. 만약 그와 어머니를 분리하기로 했다면 처음에는 남편과 시어
머니 모두 반발이 크기 때문에 쉽지 않을 것이다. 한 가지 조언을 하자면, 아
이를 낳은 후부터 차츰 분리를 시도하는 것이 현명하다. 이때 어머니의 권력
을 빼앗는다는 느낌이 들지 않게, 어머니가 아들이 아닌 다른 것에 삶의 의미
를 두도록 도와주는 것이 필요하다.

파워를 가진 시어머니

'파워'가 센 시어머니와 처음부터 기 싸움을 하거나, 자신의 입장을 굽히지

않고 내세우는 것은 현명하지 못하다. 어머니는 이제껏 자식을 키우고 집안을 꾸려가기 위해 노력했고 그것에 대해 인정받고 싶어 하신다. 그런 어머니를 먼저 이해하고 용납하는 마음을 가졌으면 한다. 물론 쉽지 않은 일이다. 하지만 처음부터 어머니와 힘든 관계가 되면 가장 힘든 사람은 남편이다. 만약 남편이 책임감이 약한 사람이라면 이 불화를 마냥 회피하기 때문에 부부 사이도 성숙한 관계로 가기 힘들다.

처음에는 어머니가 잘못하거나 힘들게 하여도 한 2년 정도는 참고 지내는 것이 현명하다. 어머니의 잘못에 드러내놓고 반응하지 말고 남편을 통해 해결하는 것이 좋다. 무조건 어머니를 비방하거나 짜증을 낸다면 남편도 어머니의 험담이 듣기 싫기 때문에 도리어 부부 사이가 악화된다. 처음부터 남편에게 노골적으로 말하지 말고 어머니의 장점을 먼저 말하면서 힘든 부분을 조금씩 말하는 식으로 시간을 두고 설득해 가야 한다. 결국 아이를 낳고 나면 어머니는 어쩔 수 없이(?) 며느리를 예뻐하게 된다. 기센 어머니에게 당분간은 좀 당하더라도 잘해드리자. 10년이면 강산이 변하고, 20년이면 며느리와 시어머니의 권력관계가 변한다.

의존적이면서 큰소리치는 시어머니

잘난 아들(어머니 눈에만 그렇게 보일지라도) 덕에 며느리가 호강한다고 생각

해서 며느리를 구박하는 시어머니가 간혹 있다. 경제적으로 부양을 받아야
되는 위치에 있음에도 말이다. 간단한 팁 하나를 말한다면, 시부모님께 용돈
은 꼭 며느리가 드리도록 하자. 그리고 시부모님이 경제적으로 힘들어 어려운
점이 없는지 늘 마음을 다해 살피자. 이렇게 몇 년 동안 노력한다면, 점점 며
느리를 인정해 줄 수밖에 없을 것이다. 의존적이면서 당신 아들만 잘났다고
생각하며 며느리를 무시하는 시부모님이 계시다는 것을 그리 크게 억울하게
생각하지 말자. 남편이 그런 것도 아니지 않은가! 좀 쿨한 마음으로 어머니의
'무시'를 한 귀로 듣고 한 귀로 흘려보내는 마음이 필요하다.

왜 좋은 시어머니가 없는가?

왜 친딸처럼 예뻐해 주시고 친정 어머니처럼 챙겨주시는 시어머니는 없는
가? 왜 교회에서는 좋은 권사님·집사님이 집에서는 좋은 시어머니가 되지 못
하는가?

결혼 전에는 누구나 부모님께 잘 보이려 하고, 부모님도 내 며느리려니 하고
잘해주시니 마찰이 없다. 그러나 시간이 지나면서 덮고 갈 수 없는 것들이 생
긴다. 즉 서로가 한계에 온 것이다. 부모님들이 가장 크게 오해하는 것은 며느
리와 사위는 자신에게 맞춰 주는 사람으로 생각하는 것이다. 하지만 며느리
와 사위는 시부모나 장인 장모에게 맞춰 주는 사람이 아니라 부부 간에 서로

에게 맞춰 주는 사람으로 성장해야 한다. 더구나 며느리와 시어머니, 사위와 장모는 절대 서로의 욕구를 만족시키지 못한다. 부모와 자식 간에 30년이란 시간 차와 세대 차가 있고, 입장 차이가 극명한데 어떻게 서로의 욕구를 만족시킬 수 있겠는가! 서로의 욕구를 내려놓아야 한다.

시어머니를 이해하자

1960-70년대 어려운 시절을 지내온 50-60대 여성의 자존심은 자식이었다. 자식이 그녀들의 인생의 전부였다. 그녀들의 가장 큰 책임은 자식을 키우고 가정을 지키는 일이었고, 권위적이고 가정적이지 않은 남편은 자신에게 의미 있는 존재가 아니었다. 이렇듯 인생의 큰 의미를 차지했던 자녀가 결혼하고 새 가정을 꾸려 자신의 울타리 밖으로 나간다는 사실은 그녀들에게 큰 박탈감을 준다. 그녀들에게는 이 사실을 받아들일 시간이 필요하다. 그녀들에게 자식 말고 새로운 의미 있는 것들을 주자. 종교를 갖게 하거나 운동을 배우거나 취미생활을 하도록 적극적으로 도와야 한다.

젊은 세대와 사고방식이 달라 화합하기 어려운 시어머니라도 처음부터 대립하지 않는 것이 좋다. 그래도 이해가 안 가고 너무 억울하면 공손히 자신의 생각을 말씀드리자. 그분들도 자신들이 문제가 있다는 것을 알지만 인정하고 바꾸기는 힘들지 않겠는가! 반대로 며느리인 우리도 시어머니를 섭섭하게 할 때가 많지 않은가! 서로 약한 존재들인 것을 인정하자.

시어머니와 잘 지내기

며느리인 당신이 먼저 할 일은 이상적인 시어머니 상을 버리는 것이다. 이상적인 남편이 없듯이 이상적인 시어머니도 없다. 그리고 당신 엄마와 비교하는 것을 버려라. 당신 엄마도 나름의 삶의 방식이 있지만 그것만이 옳은 것은 아니다. 시어머니의 삶의 방식을 그대로 인정하는 것이 필요하다. 자신은 좋은 딸 노릇을 못하지만 시어머니는 엄마 같아야 한다는 생각은 이기적일 뿐이다. 딸은 이해되지 않는 엄마를 사랑하려고 노력하지 않는가! 시어머니에게도 그렇게 하려고 노력해 보자.

개중에 말이나 상식이 통하지 않는 시어머니가 있을 수 있다. 어른답지 못한 분들과는 도 닦는 기분으로 사는 수밖에 없다. 그런 분과 부딪치는 것은 별로 효과적이지 않고 자신도 괴롭다. 가장 바람직한 것은 기도하면서 그분들의 삶을 반추해 보는 일이다. 그런 시간을 통해 시어머니의 인생을 알게 되고 그분의 마음 밑바닥까지 헤아릴 수 있으면 조금이나마 이해하게 된다. 뭐, 이해가 되지 않아도 할 수 없다. 그분이 나의 십자가라고 생각하는 수밖에는. 그런 분들에게 옳고 그름을 따지거나 잘못을 논하는 것은 별 의미 없고 서로 상처만 주게 된다. 그분이 알 때까지 몇 년이고 몇 십 년이고 참았다가, 그분들을 조심스럽게 설득하고 이해시키는 것이 우리가 할 바다. 여자로서 평생 설움과 고생으로 살아온 시어머니를 연민으로 바라보자. 그동안 내가 받은 상처와 고통은 언젠가 하나님께서 갚아 주시리라 믿고 너무 힘들어하지 말기 바란다.

가족에게 받은
상처에서 해방되기

크리스천끼리 결혼하면 행복하고 성경적으로 잘 살 것 같지만 막상 우리의 삶은 그리 만만하지 않다. 부부싸움을 해도 마찬가지다. 하나님 안에서 잘 해결할 것 같지만 우리는 그리 선한 사람들이 아니다. 크리스천 부부 중에 겉으로는 행복한 것 같아도 속으로는 곪아 가는 커플들이 꽤 많다. 교회에서도 말하지 못하다 결국 가정이 깨진 다음에야 실상을 털어 놓는다. 우리의 약하고 악한 모습이 다듬어지지 않는다면 아무리 크리스천 부부라도 여느 가정과 마찬가지로, 아니 오히려 밖으로 드러내지 못해 더 곪아가는 가정이 될 수 있다.

자신의 상처와 대면하자

나의 엉클어진 모습을 직시하면서 가장 먼저 할 일은 원가정부터 살펴보는 일이다. 원가정이란 결혼 전 아버지와 어머니로 구성된 본래의 가정을 말한다. 1960–70년대 한국 사회에는 인권이란 말이 거의 존재하지 않았다. 유교주의와 가부장적 권위주의는 아이와 여성을 사람 대접하지 않았고, 낙후된 사회 제도와 빈곤은 사람을 인격적으로 대하지 못하게 만들었다. 그 속에서 가정 또한 뒤틀리고 깨어져 왔다. 이러한 깨어진 가정 즉 역기능 가정에서 자랐다는 것은 사랑받아야 될 때 사랑받지 못하고, 격려받아야 될 때 격려받지 못하고, 자신의 욕구나 욕망을 억눌러야 했다는 걸 말한다. 생각해 보라. 역기능 가정에서 어린아이가 사랑받지 못하고 욕구를 억누르며 산다는 것이 얼마나 큰 슬픔이고 고통이었겠는지. 그들은 원치 않은 일을 해야 했고 원치 않는 감정들을 가져야 했다.

그런 사람들은 자신의 가정 문제를 인정하려 하지 않는다. 상처받지 않기 위해 오히려 더 좋은 모습으로 자신을 포장하려 한다. 그들은 매우 이상적인 결혼이나 이상적인 배우자를 꿈꾼다. 역기능 상태가 심할수록 그 이상이 극대화되어 상상 속의 사람을 꿈꾸고, 자신도 그런 사람이 되길 갈망한다. 그들은 두 가지 때문에 좌절하는데, 하나는 이상적인 배우자가 현실에 존재하지 않기 때문에, 또 하나는 자신도 그런 이상적인 사람이 될 수 없다는 것을 알기 때문이다. 그런데 묘하게도 그들은 그 절망을 다른 사람에게 표출하면서 그 책임을 상대에게 전가한다.

이처럼 역기능 가정에서 자란 사람은 보통 사람들이 꿈꾸는 것보다 훨씬 이상적이고 행복한 결혼을 꿈꾸며, 또 현실은 그렇지 않음에 절망한다. 그리하여 자신도 주변 사람도 지치고 힘들게 한다.

가면을 벗어라

그렇다면 과거의 상처 때문에 배우자와 올바른 관계를 맺지 못하는 당신, 어떻게 변화될 수 있을까? 우선, 자신의 모습이 드러날까, 가족의 상태가 드러날까 두려워하는 마음을 버려라. 사람들은 상처받은 당신이나 당신 가족을 비웃지 않는다. 도리어 가슴 아프게 생각하고 그 아픔에 공감한다. 역기능 가정에서 자라지 않았더라도 누구나 자신의 가정에서 받은 다른 여러 상처들로 힘들고 고통스러워 한다. 그러니 당신도 자신의 상처를 숨기려 들지 말라. 가면을 벗고 자신을 그대로 용납하기 바란다. 보이고 싶은 자아와 현실의 자아의 차이로 자신과 가족을 괴롭히고 질식하게 하지 말라. 당신과 당신 가족을 인정하는 순간 변화의 물꼬는 트인다. 자신의 상태를 그대로 인정하고 용납한다면 그때서야 당신이 치료가 필요한 사람임을 인식하게 될 것이다.

치료는 전문 상담사와 할 수도 있지만, 크리스천이라면 하나님 앞에서 자신을 드러내 보이는 것이 우선이다. 홀로 어릴 적부터의 삶을 반추하면서 성령의 역사하심을 구하라. 하나님의 임재 가운데 어릴 때의 상처들을 드러내고 그 상처 속에서 일하시고 치료하시는 성령님을 만나게 되면, 과거의 상처에서 조금씩 멀어지게 된다. 이 과정은 한 번에 끝나는 것이 아니라 몇 차례에 걸쳐 오랜 기간 동안 이루어지게 된다.

하나님의 방법으로 상대를 대하기

당신의 부모가 육체적 혹은 언어적 폭력을 일삼았거나, 알코올중독이었거나, 노름에 빠졌거나, 무책임했거나, 외도했다면, 당신도 그런 영향에서 자유롭지 않다는 것을 아프지만 인정하기 바란다. 자신 안에 있는 이런 역기능 가정의 모습들이 하나님 안에서 치유되었다면 다행이지만, 혹시라도 이런 모습들에서 헤어나오지 못한다면 배우자를 위해 별거하는 것도 하나의 방법이다. 물론 이것이 정답이 아닐지 모른다. 하지만 당신 때문에 배우자와 아이들이 고통받고 있다는 걸 생각한다면, 이런 별거의 과정을 통해 삶이 다시 변화될 수도 있다.

또한 이런 역기능 가정에서 받은 상처를 치유하지 못하고 고통스럽게 하는 배우자에게 악한 감정을 갖지 않길 바란다. 최선을 다했다면 그것으로 족하다는 하나님의 위로가 있을 것이다. 상대가 나에게 잘못했다고 해서 나도 상대에게 받은 만큼 한다면 그 악한 고리는 끊어지지 않는다. 상대와 상관없이 하나님의 방법으로 상대를 대했는지, 신앙인의 마음으로 자신을 살펴볼 일이다.

아이는 누가
길러야 하는가?

"아버지 날 낳으시고 어머니 날 기르셨다"는 말이 있다. 그러나 지금은 "어머니 날 낳으셨고 아버지 무관심 하셨고 베이비 시터가 날 길렀다"고 하는 시대다. 아버지는 늘 야근에 지치고, 직장에 다니는 어머니는 퇴근 후 육아 부담을 고스란히 안고 있으며, 전업주부 어머니는 혼자서 고된 육아를 감당하고 있다. 사실 아무리 돈이 많아도 여자에게 육아의 부담은 줄지 않는다. 도대체 이 나라는 애를 낳으라고만 했지 아이를 양육할 기반은 전혀 준비되어 있지 않으니, 출산과 육아의 부담은 여성 개인에게 커다란 숙제가 되고 있다. 이런 가운데 양육과 일, 두 마리 토끼를 모두 잡으려는 여성들은 슈퍼우먼이라는 허울 좋은 미명 아래 신음하고 있다. 출산과 양육을 기쁘게 여기지 못하게 하는 이러한 많은 문제들, 대체 이 짐들을 어떻게 감당해야 하나? 획기적인 해결책은 없을까?

그럼에도 양육의 기쁨을 맛보라

요새는 워낙 늦게 결혼을 하니 "20대에 임신 하세요"란 말을 하기 힘들지만, 가능하면 한 살이라도 젊을 때 출산하는 것이 좋다. 아이를 낳고 기르는 일은 육체적으로 힘이 필요하다. 너무 늦게 임신과 출산을 하게 되면 육체적으로 감당하기 어렵다. 또 요즘 불임 부부가 많은 상황도 무시할 수 없다. 물론 자신의 커리어도 쌓아야 하고, 경제적 부담도 가중되고, 제대로 된 양육 시스템도 없기에, 한국 사회에서 출산은 참으로 어려운 문제다. 하지만 이것저것 대안을 생각하다 보면 제대로 된 묘책도 없이 시간만 흐르게 되고, 원할 때 아이가 생기지 않는 불행이 닥칠 수도 있다.

현실을 모르는 말이라며 원망을 살 수도 있지만, 출산 후 아이는 꼭 부모가 양육하라고 말하고 싶다. 둘 중 한 명이 일을 포기하고 아이를 돌봐야 하는 어려움이 있지만, 이것만은 남에게 맡기지 않았으면 한다. 물론 부모님께 맡기기도 하고 주변의 도움을 빌리기도 하지만, 가장 중요한 것은 부모와 자녀가 일체감을 느끼는 일이다. 인생의 황금기에 일을 포기하고 아이를 양육하는 것이 사회에 뒤처지는 것 같고 경제적으로 어려워질 것 같지만 꼭 그런 것만도 아니고, 만약 그렇더라도 '아이를 기르는 감동에 비할 수 있을까' 하는 생각이 든다. 아이를 기르면서 느끼는 평화와 사랑의 감정은 누구도 줄 수 없는, 너무도 감동적인 선물이다. 정말 이것은 하나님의 선물이라고밖에 표현하지 못한다. 일 때문에 아이를 못 낳고 있다면 과감하게 하나님께 맡기기 바란다. 당신이 생각지도 못한 방법으로 당신의 재능을 사용하실 것이다. 그리고 경제적인 문제도 욕심부리지 않는다면 큰돈 들이지 않고 해결할 수 있다. 양육에 대한 철학과 가치관이 확고하다면 경제적 문제는 미리 걱정할 필요가 없다.

엄마 그리고 아빠의 역할

부부가 가장 많이 싸우고 신경이 예민할 때가 출산 이후다. 아이를 기르면서 가장 힘든 것은 잠을 거의 못 자는 일이다. 매일 밤마다 두세 번씩 깨어야 하고 그 생활이 하루도 빠짐없이 몇 년간 지속된다면 육체적이든 정신적이든 극심한 피로에 싸일 것이다. 게다가 둘째라도 임신하면 그 고통은 배가 된다. 집에서 아이를 돌보는 아내는 아이와 하루 종일 씨름하고 살림하며, 남편이 퇴근 후 이 일을 분담해 주기를 학수고대한다. 하지만 남편은 남편대로 집에서 쉬기를 원한다. 어떻게 하면 서로 배려하며 아이를 양육할 수 있을까?

남편들에게 말한다. 아내들에게 일주일에 한 번이라도 양육의 책임을 덜어주자. 일주일에 한 번 남편이 온전히 애를 봐주고 아내에게 혼자만의 시간을 주자. 그리고 그 시간에 아이와 신체적으로 접촉도 하고 교감하면서 '아빠됨'을 발휘해 보자.

요새 젊은 아빠들이 가족과 함께 시간을 보내는 것을 많이 보게 된다. 사실 엄마는 아빠보다 쉽게 아이의 욕구를 알아채기에 남편들이 아내에게 양육과 교육을 전적으로 맡기는데, 아이의 균형을 위해 남편도 주도적으로 아이와 함께 있는 시간을 만들어야 한다. 시간이 지나 남편이 가정의 이방인이 되는 경우가 종종 있는데, 그것은 스스로 자신의 역할을 제한한 결과다. 함께 놀아주는 것에만 스스로의 역할을 제한하지 말고, 아이와 지속적으로 시간을 보내며 대화를 나눠야 한다. 또 아내는 낮 시간 동안 아이에게 일어난 일을 남편에게 이야기해 줌으로써 남편이 충분히 아빠의 역할을 할 수 있도록 도와줘야 한다.

행복한 자녀 기르기

자녀를 기르면서 생각지도 못한 여러 가지를 경험하게 된다. 또 그만큼 부모는 부모의 역할들을 배우고 성숙하게 된다. 부모는 저절로 되는 게 아니다. 어떤 부모가 되어야 할지는 책을 통해 그리고 공동체 속에서 배워야 한다. 책을 통해 변화무쌍하고 다양한 아이들의 심리를 배우고, 비슷한 또래 부모들과의 모임 속에서 부모 역할에 대한 살아 있는 정보를 만날 수 있다.

자녀는 부모가 사랑해준 만큼, 이해해준 만큼, 노력한 만큼 자라게 된다. 부모 노릇은 경제적인 것에만 국한되지 않음을 기억하자. 양육의 고통은 당분간 쓰겠지만 그 안에서 맛보는 축복과 열매는 말할 수 없이 달 것이다.

있는 그대로
사랑한다는 의미

하나님이 두루 다니시다 결혼하지 않은 젊은 커플에게 "결혼할 때 무엇이 가장 중요하냐"고 물으셨다. 두 젊은이는 1초도 걸리지 않고 바로 대답했다. "사랑이요!"

이번엔 결혼한 지 오래된 노부부에게 물으셨다. 그러자 그들은 많은 시간을 생각한 후 대답했다. "자기를 포기하는 것이요."

결혼의 조건은 무엇일까?

사랑하기 때문에 결혼했다면 사랑이 식은 후에는 어떻게 해야 하는가? 불같은 사랑이 사그라졌는데도 결혼을 유지해야 하는가? 왜 그래야 하는가? 또 결혼해서 살다가 마음에 끌리는 사람이 생겼다면 어떻게 해야 하는가? 감정을 무시하고 결혼생활을 지켜야 하는가? 아니면 배우자와 이혼하고 사랑이라는 감정을 택해야 하는가?

이제 '결혼'에서 가장 중요한 것은 무엇이냐고 하나님이 묻는다면, 당신은 무엇이라고 대답할 것인가?

내어줌의 의미

결혼생활에서 가장 중요한 것은 '내어줌'이다. 내 경우 결혼하고 살면서 가장 힘들었던 부분은 '왜 있는 그대로 상대를 사랑하지 못할까'였다. 우리는 '사랑은 있는 그대로를 인정해 주는 것'이라고 늘 배워 왔다. 상대를 있는 그대로 인정해 주고 사랑해 주려면 자신의 틀을 깨고 자신을 버려야 하는데, 그것이 힘이 든다. 생각으로는 그렇게 해야지 하면서도 삶으로 그것이 발현되지 않아 무척 괴로웠다. 매번 나만 참는 것 같아 억울했다. '왜 나 혼자 희생해야 하나?' 하는 생각이 들면서 남편이 너무 미워졌다. '있는 그대로 인정한다'라는 말의 의미는 결혼하고 나서야 제대로 다가오는 것 같다.

사람마다 생활 습관이 다르다. 어떤 사람은 정리를 잘 못하고 어떤 사람은 정리를 잘한다. 이 둘이 같이 살다 보면 갈등이 일어난다. 정리를 잘하는 사람은 정리를 못하는 사람에게 잔소리를 하고, 정리를 못하는 사람은 잔소리를 들어 기분이 나쁘면서도 절대 정리를 못한다. 결국 정리를 잘하는 사람이 정리할 수밖에 없는 상황이 반복되는 것이다.

서로를 있는 그대로 받아들여야 하는데 그게 안 된다. 둘 중 하나가 자신의 기준을 완전히 버려야 하기 때문이다. 생활 습관이라고 불리는 모든 부분들, 하다못해 식 습관, 소비 습관 등등 삶의 모든 부분에서 어떻게 있는 그대로 그 사람을 인정할 수 있을까?

'있는 그대로 사랑해야 한다'는 말은 그 사람의 상처와 아픔까지, 나아가 스스로도 어찌할 수 없는 그 사람의 본질까지 품는 것을 말한다. 그것을 이해하려 하지 않는다면 다음 단계로 나아갈 수 없다. 자신의 스타일을 고수하면서 하나도 변하지 않으면 결혼생활을 지속시킬 수 없다. 자신의 스타일을 지키려면 혼자 살지 왜 결혼하는가? 결혼은 자신을 버리고 새로운 하나가 되기 위해 노력하는 것을 의미한다.

나와 다른 상대 인정하기

우리가 흔히 하는 착각 중 하나가 '나는 옳고 맞다'는 것이다. 결혼하기 전에도 이 때문에 많이 싸우게 된다. 사실 두 사람 모두 옳고 모두 맞다. 그래서 결국 선택의 문제가 된다. 선택할 때 누가 포기해야 될까? '합리적으로 생각해서 더 나은 쪽으로 결정하면 된다.' 사실 이것이 이상적이지만, 그렇게 되긴 쉽지 않다. 합리적인 것과는 거리가 먼 감정적인 결과를 낳기 십상이다. 부부 사이의 문제는 타협과 협상이 해결해 주지 않는다. 한쪽의 일방적인 포기 선언으로 가능하다. 기꺼이 자기를 버리고 내어주는 성숙한 한 사람의 희생으로 유지되는 부분이 더 크다.

결혼을 지속할 수 있는 원동력

아직도 결혼에서 가장 중요한 것이 사랑이라고 생각하는가? 물론 사랑이 중요하다. 모든 것의 기본이다. 그러나 사랑이 감정적인 것에 그친다면 반쪽의 진실일 뿐이다. 진짜 사랑은 오래 참음과 온유, 절제 그리고 기꺼이 자신을 희생하고자 하는 마음이다. 하고 싶지 않지만 사랑하기 때문에 들어 주는 '감정적인 기꺼움'을 할 수 있는 능력을 기르자. 상대를 있는 그대로 받아 주기 위해 몸부림쳐 보자. 인간의 사랑에는 한계가 있다. 그러나 자신을 기꺼이 내어준 예수님을 생각하며 우리를 성숙시켜야 한다. 자기를 내어주고 포기하는 것이 결혼을 지속할 수 있는 원동력이다. 결혼은 사랑으로 하는 것이 아니라 결단으로 하는 것이다. 결혼하면서 내가 행복해지려는 마음을 버리고 '상대에게 무엇을 줄 수 있을까?'를 생각한다면 결혼에서 무엇이 가장 필요한지 알게 될 것이다.

이혼에 대한
소고

이혼율이 급증한다는 소식은 어제오늘의 일이 아니다. 늘어만 가는 이혼, 누가 이혼을 하는가?

이렇게 말하면 너무 단정적이다, 혹은 너무 편협하다고 할지 모르겠지만 부부 중 어느 한 사람이라도 자기의 이기심을 버리지 않을 때 이혼하게 된다. 드라마 〈사랑과 전쟁〉을 보면 외도 등이 원인이 되어 이혼하는 부부가 많은 것으로 묘사되는데, 실제로는 그렇지 않다고 한다. 실은 배우자의 학대, 괴롭힘, 절망이 원인인 경우가 더 많다고 한다.

처음 남녀가 만나서 좋아하고 사랑할 때는 모든 것이 이해되고 용납된다. 그러나 막상 살아 보면 '뭘 먹을까'부터 시작해서 '국을 소리 나게 먹지 말라', '치약은 아래부터 짜라', '양말을 뒤집어서 벗어 놓지 말라' 등 아주 사소한 일로 부딪치고 싸우게 된다. '뉴스를 보자', '아니다, 드라마를 보자'라든지 '국을 먹자', '아니다, 찌개를 먹자' 하며 사사건건 의견 충돌이 일어난다. 이때 상대의 생활 패턴을 용납하고 수용하는 사람이 있는가 하면 자기 패턴대로 하지 않으면 안 되는 사람이 있다. 아무리 사랑해서 결혼했다지만 나를 용납하지 못하는 그 사람, 용서하기 어렵다. 우리는 그렇게 서로에게 상처를 입고 입히게 된다.

왜 이혼을 하는가?

둘 중 한 사람이 끝없이 상대를 괴롭히고 힘들게 할 때 이혼을 고려한다. 더 이상 견딜 수 없을 만큼 무시당할 때 이혼을 결심한다. 도저히 배우자를 참아줄 수 없을 때 이혼을 생각한다. 도대체 무엇이 이혼이라는 큰 결심을 하게 만들까? 상대에게 끊임없이 자신의 생활 패턴과 가치관을 강요할 때다. 가정은 이래야 하고, 직장은 저래야 하고, 아이는 이렇게 키워야 하고, 밥은 이래야 하고, 옷은 저래야 한다며 끝없이 자기를 주장하는 사람은 상대를 지치게 만든다. 상대와 타협하고 조율할 마음이 전혀 없는 사람, 가정의 독재자로 군림하려는 사람, 배우자는 그를 참을 수가 없다. 당사자는 그야말로 '이혼하거나 미치거나 죽고 싶거나'이다.

나는 전혀 희생하지 않으면서 상대더러 무조건 맞추라고 한다면, 그것이 어떻게 사랑일 수 있을까? 결혼하고도 자기 삶에 전혀 희생이 없는 이기적인 사람은 결혼생활을 파국으로 치닫게 만든다.

하나님의 특별한 은혜

결혼생활은 혼자 힘으로 되지 않는다. 상대가 변하면 행복할 수 있을 거라고 확신하지만, 사실 나의 변화가 행복한 결혼생활의 출발이 된다는 것을 기억하라. 서로에게 향하던 비난의 소리를 멈추고 나부터 돌아보자. 그러면 하나님의 긍휼이 필요한 연약한 두 사람이 보일 것이다.

결혼생활에는 하나님의 특별한 은혜가 필요하다. 그것이 없다면 누구라도 견디기 힘들다. 당신의 결혼에 하나님이 특별한 관심을 갖고 계신다. 그것을 믿는다면 지금 당장 당신의 자아, 고집, 생활 패턴, 이상으로 그린 삶을 모두 내려놓고 죽도록 노력하라. 10년 후쯤이면 지금과는 전혀 다른, 하나님이 빚으신 결혼생활을 하게 될 것이다.

이혼을 바라보는 시선

가정을 지키고 결혼생활을 유지하려 했으나 어쩔 수 없는 경우 이혼을 하게 된다. 죽도록 나를 버리려고 노력했으나 뜻대로 되지 않을 때도 있다. 이혼을 결심할 정도라면 단순히 싫다, 힘들다 수준이 아니다. 이혼을 결심한 사람들의 고통을 평가절하해서도, 가십거리로 삼아서도 안 되기에 하는 말이다.

오죽하면 이혼하겠는가? 참을 만큼 참았고 견딜 만큼 견뎠고 죽을 만큼 힘들기 때문에 사람들은 이혼을 결심한다. 그런데 이혼하고 나서 가장 힘든 건 주변의 시선이다. 크리스천이 이혼한 경우에는 더 그렇다. 가뜩이나 죄책감으로 위축되어 있는데 '이혼남' '이혼녀'라고 딱지를 붙이고 수군대는 사회적 편견은 큰 고통이 된다. 특히 지지기반이 되어 주어야 할 가족의 몰이해는 설 자리를 잃게 만든다. 누구나 좋은 배우자를 만나 행복한 결혼생활을 영위하길 원한다. 어떠한 이유에서건 그것이 실패로 돌아가 이혼에 이르렀다면 그들을 향해 손가락질하지 말고 위로를 건네기 바란다. '우는 자와 함께 울라'는 사도 바울의 말을 기억해야 하지 않겠는가!

이혼이라는 고난의 바다를 통과한 후

이혼이란 혹독한 시기를 겪고 나면 세상이 달라 보인다. 세상을 향해 겸손해지며, 하나님의 위로가 절실히 필요하고 그분의 손길이 몹시 위로가 된다. 그래서 이혼은 괴롭지만 인격적으로 성숙해질 수 있는 계기가 된다. 자신의 약함을 철저히 인정하게 되고 두 손 들고 하나님께 무릎 꿇는 시간이 되기 때문이다.

이혼으로 단단하던 자아가 깨지고 하나님과 더욱 깊은 관계를 맺게 되면 지난날의 잘못을 용서할 수 있고 자신뿐만 아니라 남을 포용할 수 있는 큰 그릇으로 빚어진다. 자신의 아픔이 거울이 되어 남의 아픔에 공감하게 되고, 그들을 위로하는 위로자가 될 수 있다.

궁극적으로 내가 변하지 않으면 삶은 변하지 않는다. 이혼이란 고통의 시간을 거치면서 무엇을 깨닫기를 원하시는지 주님의 음성을 잘 들어보자. 그리고 그분께 나아가 그분께서 빚으시는 새 삶을 기대해 보자.

결혼 전
다른 이성과의 과거,
어떻게 봐야 하나?

    요즘 세상에 결혼 전의 성관계가 무슨 대수냐고 할 수 있지만, 실제 이런 일을 겪는 사람에게는 그리 쉬운 문제가 아닌 듯하다. 결혼 전 다른 사람과 성관계를 가졌다면 상대에게 말을 해야 하나 말아야 하나?

    당신이 남자라면 일단 상대 여성이 이 사실을 감당할 수 있는지 먼저 생각해보기 바란다. 마음이 여리다면 말하지 않고 넘어가는 것이 좋다. 고백을 듣는 순간 여자는 끊임없이 자신과 그녀를 비교하면서 복잡한 감정에 휩싸인 채 많은 고민을 하게 될 것이다. 물론 정직히 고백하는 것이 옳겠지만, 쓸데없는 신경전과 의심으로 오히려 상처와 오해가 더 깊어질 수 있기 때문에 자신이 먼저 말을 꺼낼 필요가 없다. 그런데 여자가 먼저 물어볼 경우는 말해 줘야 한다. 그때 거짓말로 어물쩍 넘어가는 것은 신의를 저버리는 처사다. 솔직히 말함으로써 헤어질 수도 있고 불이익이 있을 수 있지만 그것은 스스로 감당해야 할 부분이다.

여자의 경우 남자가 물어볼 때 참 대답하기 힘들다. 사실대로 말하자니 남자가 받아들이기 힘들어할 테니 말이다(성에 관해 남자에게는 관대하고 여자에게는 엄격한 우리 사회의 이중 잣대도 한몫을 한다). 그래서 말하지 말라고 권하고 싶은데, 그럴 때 참 마음이 쉽지 않다. 그냥 넘어갈 수도 있지만 성숙한 남자라도 질투가 생겨 여자를 힘들게 할 수 있다.

현재의 감정이 중요하다

사실 과거가 있었다 한들 그게 그리 중요할까? 현재의 삶이 어떠한지가 중요하고 서로의 사랑이 중요한 것이다. 서로가 진심으로 사랑하고 의지적 결단을 통해 늘 그 사랑을 실천해 나간다면 그것으로 충분하다. 괜히 결혼 전의 과거를 들춰내는 경솔한 행동은 하지 않으면 좋겠다. 그런 질문을 해서 과거가 있다면 끝낼 것인가? 그럴 것이 아니면 묻지 말기 바란다. 그것도 내가 선택한 사람의 한 면이라고 인정해 줬으면 한다.

만약 상대가 다른 이성과 과거가 있다는 것을 알게 될 때, 그가 얼마나 죄책감을 갖고 살았는지를 이해하고 그 마음을 받아주기 바란다. 상대에게 질문을 하거나 의심하며 상처 주지 말자. 상대가 더 이상 스스로를 괴롭게 하지 않도록 도와주고, 하나님 안에서 다시 시작하는 마음을 갖자. 과거에 대한 돌이킴이 있다면 상대를 용납하고 그가 성숙할 수 있도록 도와주자.

만일 내 마음이 절대 용서할 것 같지 않다면 상대를 원망하지 말고 나의 마음을 전하고 헤어져라. 애증이 되어 나에게 지속적으로 괴로움이 될 것 같으면 상대를 포기하는 것이 상처를 남기지 않는 방법이다.

불륜,
그 시작과 끝은
어디인가?

"내가 사랑하면 쟁취할 수 있어. …… 그 앞에서 나는 여자야. …… 상대가 나를 사랑하면 어떤 것도 개의치 않아. 양심에 찔리는 것은 잠시야. 내 인생은 한 번뿐이니까"라고 말하는 여자.

"당신은 나를 미치게 해"라고 말하는 아내 있는 남자.

몇 해 전 크게 인기를 끈 〈내 남자의 여자〉라는 드라마 중 한 대사다. 나는 이 드라마를 보며 부부로 산다는 게 무엇인지 그들에게 묻고 싶었다. 이들에게 부부란 떨리고 설레고 그 앞에 여자가 되고 남자가 되는 '사랑'이다. 하지만 나는 부부 사이에는 단순한 이성 관계 너머 더 깊은 무엇이 있다고 생각한다. 비록 부부가 서로에 대한 떨림과 흥분이 없다 하더라도 부부로서의 삶을 충분히 지속할 만큼 가치 있는 무언가가 있다는 것이다. 여기에는 오랜 세월 같이 산 사람들이 갖는 정情이나 서로에 대한 신뢰, 책임, 우정 등 여러 요소가 있을 것이다.

그런데 이 드라마에서는 부부가 단순히 설레는 이성 관계일 뿐이라고 해석한다. 그러기에 그들의 불륜이 용서되는 극적인 요소를 심어 놓은 것이다.

불륜의 시작

한 사람에게 특별한 사람이 되고 싶거나 특별한 관심이 간다면 미묘한 감정이 생겨난다. 그리고 이것이 배우자가 있는 상대에게 향한다면 불륜이 싹트게 되는 것이다. 기독교 모임에서도 빈번한 만남과 속내를 드러내는 정서 때문에 불륜이 일어날 확률이 높다. 자주 만나다 보면 정들고 형제·자매로 의지하면서 많은 부분을 공유하기 때문이다. 특히 기혼자의 경우 결혼생활을 통해 남녀의 차이를 경험함으로 이해의 폭이 넓어져 상대를 잘 배려하기 때문에 미혼자들이 감동을 받게 된다.

자매들이 볼 때, 또래의 미혼 형제들이 미숙하고 이기적인데 반해 '기혼남'들은 인격과 신앙이 성숙되었다고 느낀다. 사귀는 형제와의 갈등 때문에 기혼남에게 도움을 구하다 보면 위로를 받으며 어느새 의지하게 된다. 또 남자들은 미혼 자매들이 자기 아내처럼 따지지도 않고 자신을 존중하고 인정해 주면 기쁨과 존재감을 느끼게 되고, 자매들의 어려움을 도와주고 싶은 연민의 마음이 들기도 한다. 그러면서 점차 사랑하는 마음이 생긴다.

"그 사람을 좋아하지만 사랑하진 않아. 그러니 괜찮아."

"부인을 사랑하고 결혼도 계속 유지할 거니까 이 정도는 불륜이 아니야."

"결혼을 깨기 위한 것이 아니라 결혼을 유지하기 위한 활력소 내지는 최소한의 해소 장치야."

하지만 이런 감정이 불륜의 시작이 될 수 있다. 아무리 결혼을 잘 유지하기 위한 활력소라 해도, 사랑하는 것이 아니라고 합리화해도 불륜의 싹은 시작부터 잘라 내야 한다.

어떻게 해야 하나?

결혼했다고 해서 욕망이 없어지는 것이 아님을 기억해야 한다. 결혼했다고 사랑하고 싶은 욕구가 없어지는 것도 아니고 사랑받고 싶은 욕구가 없어지는 것도 아니다. 몸매가 망가졌어도, 매력 없는 아줌마 아저씨가 됐어도, 여전히 예쁜 여자만 보면 눈 돌아가고, 자상한 남자를 만나면 떨리는 게 사람이다. 나의 상황과 상관없이 이상형을 만나면 마음이 흔들린다. 하지만 깊은 부부 사이에서만큼 온전하게 기쁨을 얻을 곳은 없다는 걸 기억하기 바란다. 아무리 마음이 설레고 정신 못 차릴 만큼 좋아하는 사람이 생겼다 해도, 그 사람과의 관계에서 얻는 기쁨보다 진실한 남편과 아내 사이에서 얻는 기쁨이 훨씬 크다.

처음에는 소중하고 떨리는 사랑이었지만 점차 죄책감이 들면서 자신을 점점 합리화하게 된다. 잘못된 욕망이 지속되면 그 욕망이 점차 괴물처럼 변해 주변 사람들에게 부담과 상처를 주면서 결국 나 자신도 망가뜨리고 불행하게 만든다는 것을 기억하자.

만일 내가 누구를 마음에 품었다면 하나님 앞에서 진정 회개하고 그 마음을 버려야 한다. 세상 모두가 '사랑'에 미친다 해도 당신은 하나님 앞에서 맹세한 서약을 거룩하게 지켜야 한다. 왜냐면 하나님은 당신을 알기 때문이다. 그것은 두려운 일이다.

사람은 약한 존재다. 내 안에 얼마나 죄된 생각이 용솟음치고 죄를 짓고 싶은 욕구가 많은가! 따라서 죄 근처에도 가지 않는 것이 가장 좋고, 죄임을 알게 되는 순간에는 그것에서 벗어나기 위해 노력해야 한다. 자신이 어쩔 수 없는 죄인임을 알고 하나님께 겸손히 나아가는 것, 그것이 우리에게 필요한 자세다.

〈타이타닉〉의
애절했던 사랑,
그 허무한 결말

　10여 년 전, 〈타이타닉〉의 그 미소년과 미소녀의 애절한 사랑은 영원할 것
이라고 우리는 생각했다. 그들의 사랑은 영원하겠지, 언제까지나 행복하겠
지……. 그런데 그 미소년 미소녀가 세월이 흘러 부부가 되어 다시 돌아왔다.
바로 〈레볼루셔너리 로드〉의 프랭크 에이프릴 부부로 말이다.

　'레볼루셔너리 로드'는 전문직 종사자들이 모여 사는 공기 좋고 쾌적한 전
원 신도시를 말한다. 이곳에서 안정되고 행복해 보이는 중산층 사람들 속에
이들 부부도 행복한 가정을 이루어 살고 있다. 멋지고 자상하며 교양 있고 직
업마저 안정적인 남편 프랭그 윌러(레오나르도 디카프리오)와 교양 있고 솔직하
고 세련되고 섹시하기까지 한 아마추어 연극배우 에이프릴(케이트 윈슬렛)의
사랑과 가정도 평안해 보인다. 게다가 예쁘고 똑똑한 딸과 아들, 이보다 더 완
벽할 수 있을까? 그런데 이 행복해 보이는 부부에게 무슨 일이 일어났는가?

행복한 부부와 행복한 척하는 부부

그렇게 행복해 보이는 부부가 실은 진부한 일상을 사는 부부에 불과했다. 매일 같은 시간에 일어나서 밥 먹고 일하러 가고 주변 사람들과 그저그런 모임을 갖고 아내의 연극을 관람하는 평범하고 잔잔한 일상이 반복된다. 그러던 어느 날, 왜 부부로 살아 가고 있는지, 왜 같이 살면서 상대에 대해 제대로 알지 못하는 건지 의문이 생긴다.

'난 행복하지 않은데, 전혀 상대에게 이해받지 못하는데, 왜 행복한 척해야 하는가?' 부부 사이가 파국으로 치닫고 있는데도 모든 사람들은 그들을 모범적인 부부로 생각한다. 결국 그 간극을 메울 수 있는 해결책으로 그들은 정말 하고 싶은 일을 찾기로 한다. 결론은 꿈의 도시 파리로 이민! 하지만 그들은 결국 꿈을 찾아 떠나지 못한다. 프랭크는 승진 권유를 받게 되고 안전한 현실과 타협하려 한다. 에이프릴은 좀더 부유해지면 더 행복해질 거라고 믿는 남편에게 절망한다. 결국 모든 것을 뒤로 하고 현실을 벗어나고 싶었던 에이프릴이나, 현실과 타협하여 삶을 만족시키고 싶었던 프랭크나 꿈꾸던 이상에 여전히 도달하지 않은 채로 영화는 끝났다.

우리도 그렇지 않은가? 월급이 좀더 오르면, 생활이 좀더 안정되면, 애들이 좀더 크면, 내 집을 마련하면, 저축을 해놓으면, 노후를 준비해 놓으면 행복할 거라고 끊임없이 믿으며 좀더 나은 현실을 기대한다. 이런 것들이 우리에게 행복을 주리라 기대하면서 말이다.

'집은 있어야 돼. 애들이 크면 내 시간을 가질 수 있어서 행복할 거야, 저축이 있으면 걱정 없을 거야. 10억만 있으면 정말 행복할 것 같은데……' 이런 글을 쓰는 나도 내가 좀더 노력하면 손에 닿으리라 생각하는 훗날의 행복을 꿈꾸며 오늘을 살아간다.

현재의 행복을 유예하지 말라

그러나 현재 행복하지 않으면 나중에도 행복하지 않다는 것을 알았다. 애들이 클수록 나는 죽을 준비를 해야 하고, 집은 결국 놓고 가야 하고, 돈은 있다가도 없어진다는 것을 매일 깨닫게 된다. 현재의 삶을 하나님께 맡기지 못하면 앞으로의 삶에도 하나님이 없다는 것을 알게 되었다. 지금 나에게 원하시는 하나님의 비전을 알지 못한다면, 충분히 행복할 수 있는 조건들 속에서도 행복하지 못함을 이해하게 되었다.

부부의 삶도 상황과 조건에 좌우되는 것이 아니라 그 속에 지속적으로 하나님의 비전이 흘러 들어가야 행복을 발견할 수 있을 것이다. 우리는 세상과 다른 가치관으로 살아가야 한다. 사회적 성공이 곧 신앙의 성공인 것처럼 으스대고, 더 나은 집과 윤택한 삶을 위해 늘 계산기를 두들겨 대고 일상의 감사함을 잊은 채 내일의 행복을 위해 헛것을 추구하는 껍데기 인생으로는 진짜 행복을 맛볼 수 없다.

　매일의 삶 속에서 하나님을 발견하는 것. 그것이 당신과 당신의 가정이 살아 숨 쉴 수 있는 조건이다. 당신이 진짜 원하는 행복이란 뭘까? 뭘 위해 살고 있는지 한번 진지하게 생각해 보자.

결혼의 목적은
무엇인가?

우리는 왜 결혼할까? 싱글의 자유를 만끽하던 화려하던 시절을 뒤로 하고서 말이다. 결혼에는 용기가 필요하다. 이제껏 해오던 습관을 바꿔야 하고, 나의 기준을 버려야 하고, 너그럽게 용납하며 마음을 맞춰야 하고, 시간과 노력과 돈을 가족을 위해 다 써도 문제가 사라지지 않는 이 결혼을 왜 굳이 하려고 할까? 당신은 왜 결혼하려 하는가?

너무 사랑하는 사람이 생겨서? 남들이 다 하니까? 부모의 강요에 못 이겨서? 집에서 공식적으로 독립하고 싶어서? 더 행복해지고 싶어서? 만일 행복하기 위해서라면 검은 머리 파뿌리 될 때까지 살겠다고 서약하지는 않을 것이다. 생각해 보라. 남자와 여자가 만나 늙어 죽을 때까지 한 사람하고만 지겹도록 살아야 하는 것이 얼마나 괴로운 일인가! 우리를 낳아 준 부모한테도 철이 들면 지겨워서 독립하고 싶어지는데 말이다. 그렇다면 노후 대책으로?

사실 우리는 지금까지 결혼을 왜 하는지 진지하게 생각해 본 적이 없다.

한 몸 되는 과정 속에 계신 주님

결혼하려는 사람들은 저마다 다양한 이유가 있겠지만, 먼저 하나님이 왜 아담과 하와를 만드시고 둘이 한 몸이 되라고 하셨는지 생각해 보면 답이 나오지 않을까? 나는 결혼의 가장 큰 목적은 '성숙해지기 위해서'라고 생각한다. "부모를 떠나서 그 둘이 한 몸이 될지니라"(막 10:7-8), "내 뼈 중의 뼈요 살 중의 살이라"(창 2:23)는 말씀은 서로가 서로에게 속한 것이란 뜻이며, 그리 되도록 나아가라는 의미다. 그러기 위해서는 자기 주장을 내려놓고 상대를 섬길 수 있어야 한다. '적당히 맞춰 살면 되지' 하는데, 적당한 상태로는 미흡한 점이 너무 많다. 치열한 자기부정을 할 때만이 성경이 말한 한 몸이 되어 가정이 온전하게 세워지는 것이다.

이렇게 말하는 나 역시 처음에는 너무 고통스러워서 포기하고 싶었다. 자기를 부정하고 자기 주장을 내려놓는 일이 얼마나 힘겨운 일인지 나는 잘 안다. 주변의 많은 가정도 나와 같이 힘들어한다는 것도 잘 안다. 한 가지 위로가 되는 것은, 하나님은 언제나 결과보다는 과정 속에서 역사하신다는 것이다. 비록 내 주장을 내려놓고 자기를 포기하기가 힘에 부쳐 절망스러운 상황이라도 내가 그것을 위해 얼마나 치열하게 나 자신과 싸워 왔는지 하나님은 아신다.

우리는 돈을 많이 벌어 하나님 나라를 위해 많은 일들을 하고 싶어 하지만 힘겹게 돈을 버는 과정은 생략하고 싶다. 내가 땀 흘리지 않아도 하나님이 알아서 채워 줬으면 좋겠다. 하지만 하나님의 방법은 내가 생각하는 것과 전혀 다르다. 하나님은 내가 한 푼 한 푼 돈을 버는 과정에서 어려움과 힘듦의 연단을 통해 하나님을 알아 가고 변화되는 모습을 보고 싶어 하신다. 그리고 하나님과 함께하는 내 삶이 변화될 때 내가 꿈꾸던 일들도 이뤄 주신다.

성숙, 결혼이 주는 선물

부부생활도 마찬가지다. 서로 하나 되기 위해 노력하는 과정에서 내가 죄인임을 인정하게 하신다. 그리고 하나님의 사랑으로 말미암아 남편을, 아내를 사랑하게 하셔서 온전한 가정을 이뤄 가신다. 온전한 가정을 이루는 한 걸음 한 걸음 속에 내가 피 흘리는 고통이 있더라도, 그 고통을 겪으며 내가 온전한 사람이 되고 하나님이 원하시는 가정의 모습을 보길 원하신다. 그렇게 결혼을 하고 부부가 되고 한 몸을 이루기 위해 고군분투하는 중에 우리는 성숙이라는, 결혼이 주는 달콤한 선물을 발견하게 될 것이다. 이것이야말로 결혼의 본질적인 목적이 아닐까?

나, 결혼으로
무엇을 얻었는가?

"하나님, 이혼하게 해주세요!"

혹시 이런 기도를 하는 사람이 있을까? 남들 보기에는 아무런 문제가 없는 것 같아 보이는 부부 중에도 이렇게 기도하는 사람이 있을까?

사실 이것은 나의 오랜 기도 제목이었다. 하나님의 뜻에 전혀 맞지 않은 기도인 줄 잘 알면서도, 더 이상 견딜 수 없는 지경이 되어 계속 하나님과 나 자신을 괴롭히며 이렇게 몸부림쳤다. "나의 이 고통과 괴로움의 원인이 무엇입니까?"라고 주님께 따졌고, "이혼만 할 수 있다면, 저 인간에게서 벗어나서 살게 해주신다면, 제 목숨과 제 삶을 주를 위해 바치겠습니다"라고 서약하기도 했다. 그만큼 내 몸과 영혼은 먼지같이 바짝 메말라 가고 있었다.

사람이 괴롭고 죽을 지경이 되면 무슨 짓이든 할 수 있는 법이다. 나는 제대로 된 크리스천 부부로 사는 것이 최선, 그렇지 않으면 이혼하는 것이 차선, 이대로 사는 것은 최악이라 규정하고, 남편에게 전면적으로 달려들었다. 어느 날 밤, 서로를 탓하며 싸우는 중에 나는 동네가 떠나가도록 큰소리로 "하나님, 저 인간을 보십시오! 하나님! 하나님! 저는 억울합니다!" 하고 외쳤다. 나는 참으로 하나님이 나와 그 사이에서 판단자가 되어주시기를 구했다. 나의 모든 고통과 불행의 원인이 남편 때문이라 생각했고, 계속되는 악순환에서 빠져나올 수 없다는 사실에 절망했다.

나는 하나님 앞에서 정당하다고 생각했고, 그래서 나는 억울한 피해자라고 굳게 믿었다. 싸움은 파국으로 치달았고, 시일이 지나도 내가 원하는 결과는 얻어지지 않았다. 나는 말할 수 없이 쇠하여 갔다. 모든 인간적인 방법이 통하지 않은 데다가 하나님은 아무 상관도 안하는 듯했다. 이혼하기로 마음먹었다. 이혼과 함께 당하는 모든 불이익을 감수하기로 했다. 그런데 신기하게도 마음이 편해졌다.

신음에도 응답하시는 하나님

그러나 하나님은 합당치 않은 기도에도 귀 기울이신다. 그리고 약함과 악함을 가지고 울부짖는 기도를 멸시치 아니하신다. 하나님이 일하기 시작하셨고, 사람들을 보내주셨고, 말씀으로 가장 가난한 마음이 되도록 하셨다. 하나님께서는 우리 부부를 서로에 대한 절망 가운데서 당신 앞에 무릎 꿇도록 하셨다.

일순간에 모든 것이 기적처럼 변한 것은 아니다. 심한 다툼이 일시에 멈춘 것도 아니다. 모든 것을 한꺼번에 용서하는 일은 하나님께 속한 일이지, 인간에게 속한 일이 아니다. 그러나 일단 시작된 하나님의 은혜는 죄와 악독이 가득한 중에도 계속된다.

주님은 내게 말씀하셨다.

"네 목숨을 바쳐서 선교지로 나가고 싶으냐. 사람의 마음이 선교지다. 이미 내가 너를 선교지로 불렀다. 너는 네 남편을 누구라 생각하느냐. 왜 그를 네 삶에서 제거해 달라고 하느냐. 나는 그를 사랑하라고 너를 불렀다. 왜 너는 그를 사랑할 사랑이 네 안에 없다고 하느냐. 네게 준 나의 사랑을 기억하라. 너는 나를 누구라 하느냐. 멋있어 보이는 다른 사람처럼 살고 싶으냐. 네 생각과 기대와 욕심대로 살고 싶으냐. 참다운 네 모습으로 살아야 행복할 수 있도록 너를 만든 나의 생각이 있다……."

주님은 나를 위하여 배울 기회와 만남을 예비해 두셔서, 새로운 관점으로 성경과 사람과 관계를 볼 수 있도록 하셨다. 나는 날마다 하나님을 새롭게 배우며, 내 마음이 하나님의 마음이 되기를 훈련하며 점차 회복되어 가고 있었다.

그리스도인이라는 이름

하나님의 인도하심을 경험하면 할수록 의아해진다. 무엇 때문에 하나님은 이처럼 날 사랑하시고 돌보실까? 나는 시간이 갈수록 내가 정당하지도 못했고, 방법도 악했고, 순종하는 마음 없이 반항하며 살았기에 거둔 삶의 가시들을 알게 되었다. 나는 무식했고, 잔인했고, 어리석었다. 내가 붙들었던 인간적인 모든 것들이 철저히 무용하다는 것을 남편과의 관계를 통하여 깨닫게 되었다.

하나님은 우리가 참으로 풍성한 삶을 누리기를 원하시기에 찾고 구하면 반드시 주신다는 것, 그분은 우리를 책임 있는 그리스도인으로 살도록 부르셨지 책임을 전가하거나 회피하도록 부르시지 않았다는 것, 고통에는 목적이 있다는 것, 고통의 이유를 다 알지 못하지만 고통은 우리에게 천국의 소망을 주며 다른 사람의 아픔을 위로할 수 있는 사람으로 다듬어 가게 한다는 것, 슬픔 속에서도 기뻐할 수 있다는 것, 남편은 내가 기대고 의지할 사람이 아니라 내가 사랑해야 할 대상일 뿐이라는 것, 사랑은 감정이 아니며 의지적으로 구체적인 말과 행동으로 순종하는 것이라는 것, 그렇게 믿음과 용기를 가지고 사랑의 행동을 할 때 감정은 찬란하게 부수적인 축복으로 따라온다는 것, 믿음 안에서 성숙해 간다는 것은 다른 사람을 긍휼히 여기는 것이라는 것……. 이것이 내가 주 안에서 배워가는 것들이다.

하나님은 선하시지만, 우리 삶에는 이유를 알 수 없는 너무나 고통스러운 순간이 찾아온다. 바로 이 때 내 안의 쇠해 가는 영혼이 "너는 누구냐?"고 묻는 질문에 대답해야만 한다. 눈 앞에 깨어진 모든 것들을 보면서 비참하고 처참한 상황에서도 "나는 그리스도인이다"라고 영혼이 고백해야만 하는 눈물의 순간이 있는 법이다. 하나님께서는 극심한 고통 중에도 진실한 그 대답에 대하여, 내가 존귀와 영광과 위엄의 하나님, 바로 그분의 자녀임을 알게 해주신다. 나는 내가 그리스도인인 것이 행복하다.

이 글을 쓰는 나는 지금 19년째 결혼생활을 하고 있다. 산을 넘으면 또 산이 있듯이 내 삶 역시 그러하다. 결혼생활이 늘 위기이고 넘어야 될 산이라는 것이 힘겹고 어렵지만, 포기의 시간이 오지 않고 주 안에서 끝까지 승리했으면 좋겠다는 것이 나의 작은 바람이다.

고래 아가씨가 묻습니다.

... ?

결혼생활을 시작한지 15년째에 접어듭니다. 가끔씩 남편을 보면서 '내가 사랑한 사람 맞나?', '내가 사랑해서 결혼했나' 하는 마음이 듭니다. 그렇다고 딱히 저희 부부에게 문제가 있는 건 아니고요. 그냥 남편이 더 이상 사랑스럽지 않다고나 할까요? 결혼 후에도 어떻게 하면 배우자를 사랑의 눈으로 볼 수 있을까요?

... !

40세를 넘으면서 남편이든 아내든 많이 외롭다고 합니다. 결혼생활 20년이 넘어가는 이때, 아내는 여자이기보다 가족이고, 가족을 챙겨 주는 그런 사람일 뿐이죠. 남편 역시 나와는 다른 세상에서 사는 사람, 가족들에게 무관심한 사람일 뿐이라고 생각되면서 외로움을 느끼게 됩니다. 가족이라는 울타리 속에서 같이 먹고 자고 부대끼고 매일 그냥 이렇게 살아야 하는 것이 결혼이란 말인가? 회의도 생깁니다.

먼저 결혼이 무엇인지 생각해 보길 권합니다. 결혼이란 제도는 인간의 욕구를 채워주는 데 그리 보암직한 제도는 아닌 것 같습니다. 결혼생활은 내 욕구를 채우는 게 아니기 때문이죠. 결혼했다고 그냥 저절로 행복해지는 게 아닙니다. 결혼은 축복이라는데 그냥 축복이 되는 것도 아닙니다. 오히려 서로 각고의 노력을 해야 하고 자기를 비워야 하는 것이 결혼생활입니다. 결혼을 유지하기 위해서는 의지가 필요합니다. 저 사람이 내 남편이고 내 아내이기 때문에 사랑의 실천들을 의지적으로 해야 합니다. 구체적인 섬김들이 삶으로 나타나야 합니다.

내 욕구들을 버리고 상대의 욕구에 민감해 보십시오. 상대를 나의 시각으로 보지 않는 것, 내가 생각한 대로 상대가 움직여 주지 않는다고 해도 화내지 않는 것, 상대를 내 생각대로 바꾸려는 욕구를 버리는 것…… 이런 마음들이 결혼생활 내내 훈련되어야 합니다.

물론 내 욕구를 버리는 훈련만이 결혼생활은 아닙니다. 상대를 정말 내가 좋아하는 남자와 여자로 봐야 합니다. 누구의 엄마나 누구의 아빠, 누구의 무엇으로 보는 게 아니라 인격을 갖춘 사랑스런 한 사람으로 볼 수 있어야 합니다. 누구의 엄마나 아빠로 보기 시작하면 그 사람이 해야 할 일과 해줘야 할 일들이 산더미처럼 보이기 때문에 어느 날은 '웬수'로 보이게 되지요. 그런 것은 사랑이 아닙니다.

결혼생활에서 행복과 불행은 당신 마음에 달려 있습니다. 당신이 배우자를 더 사랑스럽게 본다면 당신은 이미 축복받은 것이고, 그를 못마땅하게 본다면 당신에겐 앞으로의 수십 년이 불행한 시간이 될 겁니다. 결혼 전에만 사랑할 것인지 결혼 후에도 배우자와 깊은 사랑을 나눌 것인지는 당신에게 달렸습니다. 오늘 배우자에게 어떻게 하시겠습니까?

••• ❓

연애할 때는 눈에 콩깍지가 씌었나 봅니다. 결혼 후에야 이 남자가 조잔하고 어린애 같은 사람인 걸 알았습니다. 자신의 감정도 잘 통제하지 못하고 무책임합니다. 미래에 대해서는 자신 없어 하며 불안해합니다. 이 남자, 어떻게 하면 될까요?

••• ❗

한마디로 결혼생활이 못난 남자를 변화시킬 수 있을까란 질문이군요. 저는 가능하다고 말하고 싶습니다. 결혼생활이 그의 '못남'을 변화시킬 수 있습니다. 물론 아주 많이 힘들 겁니다. 당신과 남편 모두 말입니다. 남자는 새로운 세계관으로 자신을 변화시켜야 하기 때문이고, 아내는 리더십이 없는 남편 못까지 가정을 이끌어 가면서 남편을 도와주어야 하니 말입니다.

일단 10년쯤 잡으십시오. 10년만 남편을 다그치지 말고 잘 섬겨 주시기 바랍니다. 속상하고 한심하겠지만 어쩌겠습니까? 이것이 결혼입니다. 당신에게 또 하나 말하고 싶은 것은 그를 위해 기도하며 섬기는 게 곧 당신을 위한 일이기도 하다는 것입니다. 이러한 발상의 전환이 있어야 마음이 편합니다. 그를 위해 계속 기도하십시오. 왜 내가 이런 역할을 해야 하는지 억울한 마음도 들겠지만 그것이 당신에게 허락된 일입니다. 결과는 하나님만이 아실 것입니다. 그러나 분명한 것은 당신이 그 시간을 통해 성숙해진다는 것입니다.

당신이 남편을 섬기지 못한다면 그것은 하나님 앞에서 맹세한 것에 대한 포기입니다. 남편을 섬기는 것에 너무 불평하지 마십시오. 남편도 치열한 경쟁 사회에서 치이고 비교 당하고 힘들어 하는, 불쌍한 한 사람일 뿐입니다. 그것을 숨기기 위해 여자에게 더 못하는 사람도 많은 것 같습니다. 남편이 못난 남자라 하여 아내도 섬기지 못하면, 그의 비참함은 더욱 커져 그 폐해를 같이 입을 수밖에 없습니다. 결국 우리 주변에 있는 못난 남자들은 누군가의 손길이 필요한데, 그 손길이 못난 남자를 성숙되게 할 수도 있고 더 못난 남자가 되게 할 수도 있습니다.

당신을 힘들게 하는 남편임을 알면서도 그를 섬기려고 노력하고 있다면 '나는 누구에게 위로를 받으며 누구에게 힘을 얻을 수 있을까?' 하며 한탄하지 마십시오. 우선 하나님과 깊은 관계를 맺으시길 바랍니다. 사람에게 자꾸 의존하거나 위로를 받는 것은 한계가 있습니다. 물론 교회 공동체가 도와주는 것이 가장 바람직하지만 결국 자신이 하나님께 에너지를 받고 하나님을 인해 기쁨을 누려야 합니다. 그런 시간을 통해 하나님과 관계가 깊어지고 내공을 깊게 쌓을 수 있는 시기가 됩니다. 하나님과 공동체가 당신을 지속적으로 지원한다면 10년이고 20년이고 남편을 잘 섬기고 성숙해지도록 도와주려는 마음으로 사시기 바랍니다. 그것은 쉬운 일은 아니지만 그만큼 당신에게 큰 성숙이 올 것입니다. 나는 그것이 기대됩니다.

"사랑은 오래 참고 ···
모든 것을
견디느니라"

코끼리 아저씨의 애끓는 프로포즈에 '결단'이 빠져 있었던 건 아닐까?
고래 아가씨의 설레는 사랑 고백에 '사랑'이 빠져 있었던 건 아닐까?
이게 웬 말인가! 사랑 고백에 '사랑'이 빠졌고, 프로포즈에 '결단'이 빠졌다니?
이런 의심의 눈으로 코끼리 아저씨와 고래 아가씨를 보던 중, 사랑에 관해
따뜻한 조언과 뜨끔한 지적을 듣고 싶었다.
그래서 뜨거운 어느 여름날, 홍성사 사무실에 자리를 마련했다.

Q 우리에게 고린도전서 13장의 사랑이란?

정애주 한 남자를 만나 '이 남자와 결혼하겠다'라는 결심이 서기까지는 기대라든지 연민이라든지 어떤 사랑이 토대를 이룹니다. 그 '사랑'이라는 것과 고린도전서 13장의 '사랑'과는 어떤 차이가 있지 않우?

한병선 사실 처음에 남자를 만나 그 사람과 사랑이란 걸 시작할 때는 감정이 크게 좌우하죠. 끌림, 설렘 같은 매력이요. 사실 '사랑장'의 사랑은 생각도 안 나죠. 그리고 성경에서 말하는 그 사랑과는 뭔가 다른 사랑으로부터 시작하는 것 같고요.

정애주 이성에 대한 매력으로부터 시작하는 것이 연인들 간의 사랑이라 한다면, 사랑장의 사랑과는 확실히 차이가 있다우. 남녀의 눈에 불꽃이 튀게 하는 이성에 대한 끌림, 동서고금을 막론하고 문학 소재로 수없이 변주되는 감정의 신비한 그 무엇, 바로 그 무엇이 사랑을 시작하게 하고 결혼에 이르게 하지만 불현듯 고린도전서 13장의 사랑을 떠올릴 수밖에 없는 터닝포인트가 있게 된다우. 빠르면, 신혼여행에서부터.

한병선 맞아요. 저희는 결혼 날짜를 잡으면서부터 싸우기 시작했어요. 사랑하는 감정으로 시작했던 이 결혼이 쉽지 않겠구나, 뭔가 삐걱대는구나 하는 걸 안 거죠. 그리고 지금 우리 젊은이들이 말하는 사랑과는 전혀 다른 사랑을 해야 한다는 걸 깨닫게 된 거죠.

정애주 결혼을 하려는 용기는 이성에 대한 매력으로 시작하지만, 어느 순간부터 "저 사람에게서 느낀 그 마력은 어디로 가 버린 거지?", "도대체 날 사로잡았던 그 아우라는 어디로 사라진 거야?" 하는 생각이 드는 게지. 개인차는 있겠지만 어떤 사람은 결혼 1년 안에 오기도 하고, 또 어떤 사람은 50대에 오기도 하죠. 그때부터 '내 사랑 돌려줘'를 합디다. 그런데, 결혼에 대한 용기는 한 선생이 먼저였수? 아니면 신랑이 먼저였수?

한병선 제가 먼저 확신을 가졌어요. 남편을 무척 좋아했고 이 사람에게 내가 정말 필요하겠구나, 했죠.

정애주 그랬군요. 내가 만나 본 많은 부부들의 경우도 의외로 여자 쪽이 먼저 결혼을 결심한 경우가 많았다우. 이상하지 않우? 하나님께서 당신의 형상을 따라 남자와 여자를 만드셨을 때, 분명히 아담이 먼저 하와를 알아보고 '이는 내 뼈 중의 뼈요 살 중의 살'이라고 했는데, 지금은 남자들이 여자를, 자신의 뼈와 살을 못 알아보는 것 같지 않우? 체면상 드러내지 않아서 그렇지 여자가 먼저 남자를 알아보고 그 앞에 서야 비로소 결혼에 이르는 경우가 많습디다.

한병선 남자가 여자를 알아보지 못하는 몇 가지 이유가 있는 것 같아요. 우선 남자들이 여자들보다 감성적인 관계를 잘 맺지 못하잖아요. 민주적인 소통이 익숙하지 않은 가부장적인 문화도 한몫을 하고요. 게다가 요즘 남자들이 유약해요. 옛날에는 태어나면서부터 남자라는 정체성이 보호받는 사회였지만 지금은 그렇지 않고요. 뭐랄까…… 한마디로 자신감이 없다고나 할까요?

정애주 한마디로 여기가 에덴이 아니기 때문이라는 생각이 든다우. 사랑에도 많은 왜곡이 생겨, 연인들이 사랑을 시작할 때, 그리스도인의 보편적인 사랑의 지침인 고린도전서 13장을 잊어버린다우. 사람이기 때문이죠. 그러니 '사람을 사랑한다는 것'은 이런 것이다,라고 써서 남겨 주신 바울 선생의 지침을 잊지 말아야 합니다.

한병선 사랑을 하면서 그 사랑장을 잊은 게 참 잘못이죠. 또 그 사랑장의 이야기를 하지도 않고요.

정애주 그래서 뒤늦게 속았다는 말들을 합게 됩니다. 나를 대접해 줄 사람, 날 사랑해 줄 사람으로 결혼 상대자를 고르다 보니 결혼 준비부터 삐그덕 합니다. 그래서 난, 결혼하는 친구들에게 꼭 이 얘기를 해줍니다. "지금부터 네가 행복해지려고 하면 계속 불행해진다. 지금부터 그가 어떻게 행복할까만 생각해. 심지어 잠자리에서조차도." 그러면 여성들은 그럽니다. "그러면 남편은 받기만 하나요?" 내 대답은 이렇다우. "물론 서로 행복하게 해주려는 경우가 가장 바람직하겠지…… 그렇지만 아직 사랑에 대한 공부가 없었던 남자라면, 그건 그의 몫이야. 어찌 되었든 둘 중 한 명이 시작하면 돼. 아는 사람이 먼저 시작하는 거야. 결혼해서 네가 행복하려고 하면 불행해진다. 아침에 눈을 뜨면 주님께 영광 돌리는 하루, 그리고 우리 남편 행복하게 해주는 게 뭘까를 생각해. 자식이 생겨도 우선순위의 가장 처음은 네 남편이야. 그렇게 살다가 힘이 부치면 남편이 다 이해할 거야. 하지만 네가 먼저 행복하려다 보면 쉽지 않을 거야. 부부 사이에 보이지 않는 금이 가고 있단다."

한병선 맞아요. 내가 행복하려고 하면 불행해진다는 말, 정말 맞는 말입니다.

정애주 사랑장은 오래 참는 것부터 시작해서 견디는 것으로 마무리된다우. '참아 보자'로 시작해서 아무리 참아도 안 되니 '견뎌 내는 거다'로.

Q 결혼, 꼭 해야 할까?

한병선 젊은 사람들이 결혼을 꼭 해야 하냐고 종종 물어 와요. 그러면 저는 세 가지 이유를 들어 결혼을 꼭 하라고 권하죠. 첫 번째는 내 편이 생긴다는 거예요. 세상 모든 사람이 적이 돼도 내 편이 되어 줄 한 명이 있다는 건 엄청난 힘이 되죠. 그 단 한 명이 있다는 게 살아가는 힘이 되어

주고요. 두 번째는 성적인 문제예요. 성은 결혼 관계 내에서만 허락되는 데, 결혼을 통해 성의 기쁨을 충만히 나누는 것이 큰 행복이에요. 세 번째는 성숙해진다는 거예요. 결혼을 하면 내가 하기 싫은 것도 해야 하기 때문에 점점 내가 깎여 나가죠. 모든 기혼자들이 다 그런 건 아니지만 자신의 틀을 벗는 계기가 되는 것 같아요. 이렇게 다듬어지다가 어느 날 문득 아, 이것이 결혼을 통해 하나님이 주신 큰 선물이었구나, 하고 알게 되는 것 같아요. 결혼한 지 거의 20년이 되어 가는데, 아마 시간이 더 흐르면 지금보다 더 깊이 그 의미를 알 수 있을 거라 생각해요.

정애주   나도 한 선생 말씀에 전적으로 동감! 그러면서도 난, "왜 결혼해야 하죠?" 하고 묻는 친구들을 이해한다우. 결혼하기도 힘들지만, 결혼해도 힘들다는 사실을 직감적으로 알게 되니까. 게다가 선 경험자인 어른들의 결혼생활이 행복해 보이지도 않고. 혼자 살면 편하고 더 좋을 수도 있는데 빤히 보이는 힘든 삶을 선택할 이유가 무에냐는 질문이 어쩌면 당연한 게지. 하지만 난, 결혼하라고 합니다. 할 수만 있으면 힘써서 하라고 합니다. 생각해 봐요. 인생이 고해인 것을 알면 태어나지 않았어야 해요. 안 태어나면 힘든 것도 모르는데⋯⋯. 그러나 우린 누구나 태어나서 '왜 태어났는가' 하는 질문을 시작하죠. 끝이 없는 질문. 그 질문은 어느 날, 하나님의 존재가 내 삶에 현존하셨음을 알게 되면서 사라지게 되더군요. 질문이 불필요해졌고 질문이 의미가 없어지니 답을 고민할 이유가 없어지더군요. 태초에 천지를 창조하신 그분이 나를 만드시고, 나는 여자로 지음 받았다는 존재 사실부터 시작했다는 거죠. 우리는 태어났기 때문에 이 힘든 세상에 살아야 하고, 난 여자로, 넌 남자로 태어나서 여자의 인생을 살아내는 거고 남자의 인생을 살아내는 겁니다. 그러므로 두 성이 서로 하나가 될 때, 우린 하나님의 형상대로 그 지으신 바 형상을 회복하는 것일 겝니다. 그러니까 서로 다른 성 자체와 그 성이 살아가는 인생을 알아가는 것은 온전한 인간을 알아 가는 것이고, 두 성이 함께 살아내는 과정을 통해 하나님을 알아가며 하나님께서 주관하시는 세상에 인간을 창조하신 그 뜻을 알아가는 가장 적확한 길이라는 생각이 듭니다.

아까 한 선생이 말했듯이 친구가 아무리 많아도 우리 각자는 지구상에서 내 편이 되어줄 단 한 사람이 필요한데, 그 사람이 내 남편 내 아내입니다. 친구와 날밤을 새워 얘기해도 한 인생을 같이 걸어가진 않죠. 인생이란 항해에 한 배를 탄 사람, 그 사람과의 관계가 결혼입니다. 이것이 결혼을 해야 하는 근본적인 이유입니다. 슬프나 즐거우나 한 배를 타고 인생의 희로애락를 사는 인간관계이고 에덴에서부터 여전히 이어진 사람 사이의 첫 관계입니다.

가끔 부부 사이를 적과의 동침이라고 생각할 때가 있지 않아요? 서로 다른 두 성이 부딪치고 긁혀서 상처를 주고받으면서 나의 불완전과 상대의 불완전이 서로 보완되며 성숙해지는 게죠. 그제서야 서로가 적이 아니라는 것을 발견하고 자각합니다. '비온 뒤에 땅이 더 굳어진다'든가, '부부싸움은 칼로 물 베기'라는 말의 뜻을 비로소 공감하는 경우죠. 상처가 나서 결핍되는 게 아니라 성숙해지는 거죠. 결혼하면 확실히 성숙해집니다. 사실 내가 찢어지고 상처가 나서 새 살이 돋아나게 하는 계기는 결혼 말고는 많지 않습니다. 친밀한 여자 혹은 남자 친구도, 상담자도 쓴소리를 한다고 하지만 한계가 있습니다. 부모 자식은 속고 속여도 같이 사는 사람은 속일 수가 없어요. 나를 기가 막히게 찌르고 예리하게 벨 수 있습니다. 상대의 가장 취약한 점을 꼬집을 수 있는 사람은 배우자밖엔 없습니다. 이런 배우자와 살면서 우리는 성숙이라는 선물을 받게 됩디다.

그리고 또 하나, 우리가 놓치고 있는 부분인데, 결혼에는 번식의 의미도 있다우. 종족을 보존하기 위해 아이를 낳는 의무를 져야 합니다. 종족보존은 우리 공동의 짐이고, 우리는 공동체를 생각하고 역사를 이어가야 하는 의무가 있습디다. 사람은 태어나면서 사회적·역사적 책임과 의무 그리고 권리가 있는 객체라우. 생명을 낳아 공동체의 존속에 기여해야 합니다. 왜 결혼을 하냐고 묻는 질문에 사회공동체적인 의무와 책임을 다해야 한다는 것을 꼭 말해 주고 싶다오. 하나님께서 세상을 창조하실 때부터 사람에게 부여한 임무라오.

한병선 자식을 낳는다는 건 종족 보존의 의미도 있겠지만 그 자체로 정말 크나큰 축복인 것 같아요. 누가 나한테 인생에서 가장 잘한 일이 뭐냐고 묻는다면 많은 일들을 한 것이 아니라 두 자녀를 낳고 키웠다는 거예요. 아이를 낳고 기르는 일은 큰 축복이고 행복감이 충만한 일입니다. 결혼을 왜 해야 하냐고 물으면서 또 애는 왜 낳아야 하냐고도 묻는데, 낳아 보면 그걸 통해 자기가 얼마나 많은 축복을 받는지 알게 되죠. 아이를 양육하는 것은 새로운 세상이 열리는 경험이에요. 출산과 양육을 통해 큰 기쁨을 누리게 되는 기회를 스스로 걷어 차지 말았으면 좋겠어요.

정애주 내가 사회적·역사적 책임을 다하려고 하지만 하나님의 계획인지 또는 어떤 이유 때문이지 그 의무로부터 예외가 되는 경우도 있다우. 결혼을 못하거나, 아이가 생기지 않는 경우. 그것에 관해서는 그냥 받아들여야 하는 것이 좋을 것 같습다우. 세상 만물을 주관하시는 하나님 아버지의 숨겨진 계획 속의 사람들…… 그들에게도 이유가 있지 않겠나 생각됩니다.

한병선 결혼하고 싶지만 못하는 사람들에게 독신의 삶을 풍요롭게 만들어가고 그 안에서 자족하라는 말도 해주고 싶어요.

Q 미혼 여성들, 교회에서 남자를 만날 수 없다?

한병선 형제도 마찬가지지만 보통 자매들이 그러죠. "저 눈 안 높아요. 원하는 조건도 별로 없어요." 하지만 눈 안 높다고 하면서 '이 정도는 꼭 있어야 돼' 하는 기준은 꼭 있더라구요. 신앙도 좋고 직업도 안정적이고 외모도 봐 줄 만해야 한다는 조건을 갖고 있어요. 제가 볼 때는 그 조건은 평균 이상이거든요.

정애주 서두에 말했듯이, 드러내지는 않지만 자기가 행복하려고 배우자를 찾는 식의 허상은 속히 버려야 할 거우. 나도 예수를 믿지 않았다면 허상에 싸인 결혼을 했을 확률이 더 컸겠지요. 아니 분명히 그랬을 거요. 한 선생 말처럼 미혼 자매들과 이야기하다 보면 누구나 다들 최소한이라도 바람이 있습디다. 하지만 그걸 깨지 않으면 사람을 볼 수 있는 눈이 생기지 않습니다. 그것은 나이 50이 되어도 생기지 않습니다. 이제껏 기다린 것이 아까워 그 기준을 포기하지 못합니다. 그래서 저는 싱글들에게 "너를 정직하게 들여다봐라, 실은 최소의 조건이라 하지만 이미 앵글이 너무 좁은 게 아니냐?!" 하고 묻게 됩니다.

한병선 자매들은 신앙 좋은 남자를 구하는데, 현재 높은 영적 수준을 갖춘 사람을 기다릴 게 아니라 형제가 그런 사람이 되도록 도와줘야 하지요. 20~30년 동안 그 사람을 위해 헌신하면 그 사람도 점차 완성되어 가는 것 같아요. 투자(?)할 생각하지 않고 본인이 생각하는 수준의 사람을 만나려고 하면 영원히 만날 수 없다는 걸 알아야 합니다.

정애주 교회에서 어떤 사람이 특별히 외로워 보인다면 가서 말도 걸고 그를 돕는 것으로 시작하면 안되려나? 전 그게 끌림이라고 생각합니다. 그 사람의 빈 곳을 채우고 싶고, 자꾸 신경이 쓰이고 부담이 생기고, 그 사람의 인생이 완성되는 데 나의 도움이 필요하구나 생각이 들면, 그에게 이성적으로 내가 끌림이 있는지 확인해 보는 거죠. 문제는 일방적이지 말아야 한다는 점입니다. 절대로 일방적으로 우겨서는 안 됩니다. 이건 분명히 합시다. 하지만 '내가 도움이 되지 않을까?' 하는 생각이 든다면 그게 곧 끌림입니다. 그렇게 그 사람이 완성되고자 함에 내가 돕는 역할을 하다보면 나 또한 완성되는 것입니다. 그런 맥락에서 하나님의 형상을 회복하려는 목표로 모이는 교회는 오히려 좋은 교제의 장이 될 수 있겠지요. 실제로도 교회 임원들끼리 결혼하거나 선교회 선후배로 만나 결혼하게 되는 경우가 많지 않아요? 하나 조심할 것은 성화의 길에 조력자로서의 역할을 강조하다 보니 음으로 양으로의 균형이 깨지는 경우도

있어 보여서…… 그래서 난, 배우자는 멀리서 오는 것이 더 좋다는 생각
이 듭니다.

한 사람의 결혼은 하나님의 형상을 본받아 그 형상에 이르기까지 살
아가는 것의 연장선에 있다고 보는 것이 좋겠습니다. 에베소서에 "그리스
도의 장성한 분량에 충만한 데까지 이르리니"라는 말씀이 있습니다. 그
말씀으로 신앙의 목표점을 삼는다면 그것을 이루게 하는 현장이 곧 결
혼생활입니다.

<mark>한병선</mark> 맞아요. 결혼과 신앙은 분리해서 생각할 수 없습니다. 결혼생활을
어떻게 영위하느냐가 곧 삶이고 신앙이죠. 결혼생활을 제대로 하려고 하
면 할수록 그리스도인의 삶에 더 투철해지는 것 같습니다.

Q 하나님께서 예비해 두신 내 짝이 있을까?

<mark>한병선</mark> 저는 하나님이 A에게는 A′, B에게는 B′와 결혼하라는 계획이 있
다고는 생각하지 않아요. A에게 A′도 주시고 B도 C도 다 주시고 기회
를 주시는데, 자기가 누구를 선택하느냐에 달린 것 같아요. 예비해 두
신 반쪽은 분명히 있겠지만, 적당한 때 '이 사람과 결혼하겠습니다' 하
고 결단하면 결혼이 되는 거고, 결단하지 못하면 아무리 사람을 줘도 결

혼하지 못하는 거죠. 자기 눈을 하나님 코드에 맞춘다면, 또 자기로 인해 행복해질 사람을 고른다면 결단함으로 예비한 짝을 알아볼 수 있을 것 같아요.

정애주 하나님이 예비해 두신 짝이 있는지 없는지 저는 잘 모르겠습니다. 그건 하나님께 물어봐야 하지 않겠나 싶습니다. 제 환상 속에도 찡~하는 운명적인 짝과의 러브 스토리 같은 것이 있습니다. 드라마에서 그런 이야기를 보면 너무 황홀해합니다. 분명한 것은 남편을 만나 결혼한 후, 시간이 지나면서 예비해 두신 내 짝이 맞구나! 했다는 거라우. 그리고 그 신비함은 누군가에게 이야기할 때 생기더군. 내 경우는 그랬다우.

한병선 그런 것 같아요. 당장은 모르지만 결과적으로 보면 내 짝이었구나 하게 되는 거죠.

정애주 조금 더 현실적이고 정직하게 이야기하자면, 결혼은 타이밍과 조건이 맞아야 이루어지는데, 그래서 타이밍이 맞고 조건이 잘 맞는 바로 그 사람이 예비해 두신 짝일까 하고 물으면…… 글쎄 잘 모르겠습니다. 두 사람이 만날 때 뭐가 찡~하는 게 있어야 된다고 많은 사람들이 기대하고 희망하는데, 그런 게 없을 수도 있을 수도 있습니다. 타이밍과 조건이 그 사람과 나와의 만남에 딱 맞아졌을 때, 결과적으로 서로에게 짝이라고 생각해서 열렬히 연애를 해도 다시 조건과 타이밍이 서로 어긋난다면 결혼에 이르지 못합다. 그 경우는 결과적으로 짝이 아닐 수 있다는 겁니다. 남자는 직업상 한국에 있어야 하고 여자는 외국에서 일을 하는데 이 둘이 결혼한다면 어느 한 쪽의 커리어를 완전히 죽여야 하는데, 이건 조건이 맞지 않는 결혼입니다. 이런 결혼은 안 했으면 좋겠어요. 그러니까 조건은 계층 간의 차이랄 수도 있고 전혀 다른 문화권의 차이일 수도 있고, 말하자면 문화·경제·지역·나이 등등을 포함합니다. 사실 이런 것들은 죽을 때까지 극복되지 않을 수도 있어요. 불 일듯이 일어난 사랑이라는 감정으로 모든 것이 극복될 수 있다 하지만, 결혼생활은 실전입니다. 드라마에서 보이는 남녀 간의 한 순간의 찡~이라는 신호는 그런 의미에서 왜곡되었거나, 너무나도 짧은 순간을 확대생산 한 것으로 보면 틀림이 없다우.

한병선 하나님이 '너는 저 사람과 꼭 결혼해' 하고 강요하시지는 않을 거예요. 그 시기를 알 수 있는 눈을 주실 거고, 그 짝을 볼 수 있는 눈과 마음을 주실 거예요. 그러기 위해 자기 짝을 올바로 볼 수 있도록 자기를 열어 놓아야지, 그렇지 않고 늘 자기 주관대로 고르려고 하면 짝은 보이지 않습니다.

Q 코끼리 아저씨와 고래 아가씨, 과연 행복했을까?

한병선 코끼리와 고래가 결혼해서 어떻게 살았을까 궁금해요. 사실 우리
의 결혼도 코끼리와 고래의 만남처럼 참 힘들지 않나요?

정애주 코끼리와 고래가 만났다는 것부터 신비예요. 결혼에 골인했다면
그건 기적이고요. 이들은 기적을 잉태한 부부입니다. 서로 숨 쉬는 방법
도 노는 물도 다르잖아요. 난 코끼리와 고래가 만나지 않았으면 좋겠어
요. 아무리아무리 노력해도 코끼리를 고래가 기쁘게 할 수 없고, 아무리
아무리 애를 써도 고래가 코끼리를 기쁘게 할 수 없습니다. 이게 조건이
라는 겁니다. 이건 불행한 걸 전제로 하고 시작하는 겁니다. 난 이런 기
적은 만들지 않았으면 합니다. 우린 전지전능하지 않으니까요. 그러나 만
약 이렇게 만나서 결혼한다면 누군가 한 명은 죽어서 거듭나야 한다는
것이 내가 할 수 있는 답이라우.

한병선 19년 전 제 결혼식 때 축도해 주신 목사님께서 "1+1이 2가 아니
라 1이 되어야 한다"고 말씀해 주셨어요. 이것은 하나가 죽어서 0이 되
면 가능한 산수죠. 이렇게 되라는 거예요. 한 명이 완전히 없어져야 결
혼이 유지된다는 이야기, 어떻게 보면 끔찍한데, '이것이 정답이구나' 하
는 생각이 듭니다.

정애주 맞습니다. 기적의 조건을 갖고 결혼을 시작한 사람들은 둘 중에 한 명은 죽어서 거듭나야 결혼이 유지됩니다. 그런데 누가 죽어야 하나? 코끼리가 죽어야 하나, 고래가 죽어야 하나? 둘 중에 믿음 좋은 놈이 죽어라, 난 그렇게 이야기합니다. 이것이 하나님의 법칙이고 예수님이 가르쳐 주신 강령입니다. "네 십자가를 메고 나를 따르라. 그러면 부활이 있다"고 분명히 말씀하셨죠. 특히 이 부활이 있다는 것, 정말 중요합니다.

한병선 한참 이혼을 생각하던 중에 결혼에 대한 영상을 만들면서 '남편은 아내의 머리'라는 성경 말씀을 다시 읽게 되었어요. '남편이 나를 사랑하지 않는데, 왜 이런 사람과 결혼을 유지해야 해? 난 너무 억울해! 이런 사람을 사랑할 수 없어!' 하던 시절이었죠. 그랬는데 아내는 남편에게 순종하고 남편은 아내를 사랑하는 게 의무라는 걸 깨달았어요. 그 의무에는 조건이 없지요. 날 사랑하지 않아도 남편을 존경할 의무가 있다는 걸 알고 그때부터 남편의 말을 따르기로 결단했고 다시 시작할 수 있었죠. 하나님은 그간의 상처를 치유하시면서 다시 남편을 사랑하는 마음을 주셨어요. 그의 이야기가 맞든지 안 맞든지 내가 그의 말을 따르겠다고 생각하자, 남편이 한번은 "당신의 행동이 달라졌다"고 하더군요. 그 전에는 내가 남편보다 나이도 많고, 경험도 많아 더 현명하다고 생각했는데, 이런 나의 말과 행동에 남편의 자존감이 상처를 입은 거였어요. 나는 현명한 판단을 하여 조언한 거였는데 남편은 자기를 무시한다고 생각한 거였어요. 성경을 다시 보면서 상대의 반응에 상관없이 내 의무를 다하는 것이 결혼생활을 유지하는 데 절대적인 태도라는 것을 알았죠. 결혼생활에서 내가 얼마만큼 하나님 앞에 순종할 것인지가 계속 결단으로 나타나야 합니다. 그렇지 않으면 결혼이 유지되기 힘듭니다. 나를 죽이고 남편에게 순종하기로 하나님 앞에 결단했기 때문에 그걸 유지하려고 죽을 힘을 다하는 거지요.

정애주 1+1이 1이 되어야 한다고 했을 때 서로 0.5씩 죽으면 합리적일 것 같지만 그건 동류同類가 만났을 때입니다. 코끼리가 어~하면 무슨 말인지 본능으로 알아지는 관계에서는 그럴 수도 있겠죠. 하지만 이런 관계가 몇이나 있겠습니까? 남자라는 성, 여자라는 다른 성이 만나 결혼하는 것도 코끼리와 고래의 결혼 아류 격입니다. 즉 0.5씩 사이좋게 서로 죽지 못한다는 거죠. 누군가는 한 사람이 온전히 죽어야 합디다. 하지만 신비하게도 시간이 지나면서 반전이 옵니다. 예수님의 고난에 동참한 자가 부활의 영광에도 동참하게 되는 거죠. 그러니 어느 한 쪽이 늘 지는 것도 아니고 다른 한 쪽이 늘 이기는 것만도 아니라는 것입니다.

Q 가정에서 남편과 아내의 역할이란?

정애주 남편과 아내를 해와 달에 비유하면 맞을까? 하나님의 창조 순서를 보면 먼저 빛이 있었습니다. 그 빛은 하나님이 조명해 주신 빛 아니겠어요? 부부의 삶에는 반드시 먼저 하나님이 계셔야 합니다. 밥 먹을 때도, 텔레비전을 볼 때도, 부부싸움을 할 때도, 잠자리에서도 빛 되신 하나님을 인정해야 해요. 그 다음 해와 달이 있었습니다. 해와 달의 역할은 분명 다릅니다. 각자의 고유한 역할이 있습니다. 달은 해의 빛을 받아 빛을 냅니다. 아내가 아무리 잘난 척해도 남편에게 사랑받지 않으면 빛이 안 나는 것처럼, 아내는 남편의 사랑 안에 거해야 합니다. 아내는 남편을 존경하는 것이 사역이고 남편은 아내를 사랑하는 일이 직무입니다. 달이 있어야 해가 쉽니다. 낮에 해가 일했다면 밤엔 달의 고유한 역할이 있습니다. 해가 대신할 수 없는 고유한 역할이죠. 달은 온 세상 만물을 쉬게 합니다. 살아 있는 모든 것은 쉬어야 자랄 수 있습니다. 만물을 성장하게 하는 것은 달의 역할입니다. 사람들은 낮 동안의 해의 일을 주목할지 몰라도, 밤에 달의 역할이 없다면 세상은 돌아가지 않을 겁니다. 달은 해의 빛을 받아 자기 모습을 드러내지만 서로의 역할의 가치는 동등합니다. 이처럼 남편과 아내는 동역의 관계인 거죠. 질서를 철저히 유지하면서 주님께서 줄로 재어 주신 기업을 감당해 내는 거죠. 남편과 아내는 서로 종속적이면서 협조적인 관계를 유지하는 것이고, 그 질서를 고전적으로 표현하자면 남편이 있어 아내의 자리가 있다고 할 수 있습니다.

한병선 남편 안에 아내가 있다고 해서 남편의 가치가 더 높은 게 아니란 걸 말해야 할 것 같아요. 가치 있다 덜 가치 있다의 차이가 아니라 부부라는 한 카테고리 안에 남편이 있고 그 안에 아내가 있다는 거죠. 남자가 머리라는 걸 받아들이는 거죠. 여가가 못나서 그런 게 아니라 그런 질서를 받아들인다는 거죠. 해와 달, 각 역할에 대한 가치는 동등합니다.

정애주 네, 남편 안에 아내가 있음을 받아들이지 않는다는 건 부부하지 말자는 얘기입니다. 부부고 가정인 이상 하나의 '패밀리 네임'을 만들어야 하고 그래야 질서가 유지되는 겁니다. 자식이 아무리 재능이 많아도 결국 아버지와 아들, 엄마와 딸의 관계를 벗어날 수 없듯이, 저는 하나님이 남편과 아내에 대해서도 하나의 질서를 주셨다고 생각합니다. 머리가 둘일 수는 없다는 것이 싫어도 받아들어야 할 질서인 게죠. 계명이 없으면 자유도 없지요. 하지만 여자들이 그것을 가치의 유무로 오해해서 위축되거나 공격적이지 않았으면 좋겠다우.

한병선 "난 네 밑에 있기 싫어!" 하는 아내보다 남편이라는 고유한 사람을 더욱 그 사람답게 되는 걸 도와주는 아내가 지혜로운 여자예요. 남편을 존중하고 세워주면 나의 가치가 떨어지는 게 아니라 서로 성숙하게 되고 가정이 튼실하게 되는 것 같아요. 그런데 아내가 속하려고 해도 남편이 그런 그릇이 안 될 때에는 남편을 키워줘야 하지요. 격려도 하고 도와주면서 말입니다.

정애주 난, 네 아들에게 널 존경할 수 있는 여자를 만나기를 위해 기도해야 한다고 충고한다우. 그러기 위해 먼저 존경받을 남자가 되라고 합니다. 존경받을 인격이 되고 존경받을 만한 길을 걷고자 한다면 여자는 그런 남자를 돕고 싶은 마음이 생깁니다. 사실 여자들은 자기를 드러내기보다 남을 위하려는 마음이 가득한 존재라우. 여자는 자신의 섬김으로 상대가 잘될 때 기뻐하는 마음을 가질 수 있는 존재입니다. 적어도 나와 내 주변을 관찰한 바로는.

한병선 여자가 더 현명해졌으면 해요. 사회에서는 똑똑함으로 커버가 될지 모르지만 가정에서는 똑똑함만으로는 되지 않거든요. 지혜롭고 현명해야죠. 그런데 그 훈련이 되어 있지 않아서 힘에 부치면 가정을 포기하고 일에만 열중하는 여자들을 보게 됩니다. 사실 자신의 원칙만 주장하다 보면 가정이 행복해지지 않더라고요. 모든 면에서 남자보다 더 희생해야 하는 여자들, 엄청 억울하죠. 왜 나만 이래야 하는지 억울해서 저도 하나님께 부르짖었어요. 하지만 내가 그 억울함을 보상받으려 하지 않아도 시간이 가면서 응답을 주시더라고요. 내가 억울하고 내가 희생하고 내가 버리는 그 값은 당장 계산하여 보상받지는 못하지만, 때가 되면 하나님이 놀랍게 채워주시더라고요. 만약 이런 걸 미리 알았다면 결혼생활을 더 성숙하고 더 수월하게 할 수 있었는데 말입니다.

아까 1+1은 1이 되어야 하며 이때 어느 누군가는 제로가 되어야 한다고 했는데, 아무리 봐도 여자가 제로가 되는 경우가 많은 것 같아요. 여자가 영적으로 더 민감하고 더 성숙하기 때문이지요. 믿음 좋은 여자들이 먼저 죽는 수밖에 없습니다. 같이 0.5를 버리는 남자를 볼 수 없는 게 불행한 일이죠. 하지만 여자가 제로가 될 때 남자가 변합니다. 억울한 것 같지만 그것을 감당할 수 있도록 하나님이 여자를 위대하게 만드셨다고 생각합니다. 죽음을 무릅쓰고라도 그것을 감당할 수 있는 게 여자입니다. 이 비밀을 빨리 알고 잘난 남자 만나려고 하지 말고 내가 도울 수 있는 남자를 만나라고 싱글들에게 말해 주고 싶어요. 나를 행복하게 해줄 남자는 없습니다. 나로 인해 완성될 남자만 있을 뿐이죠.

정애주 짧은 시간에 어찌 '두 사람의 한 인생 살기'의 신비를 다 말하리요! 다만, 이 신비는 고통을 수반하고 신뢰와 인내로 도달하는 천국의 모형이 분명할 겁니다. 《천국의 열쇠》를 쓰신 A.J. 크로닌이란 분께 누가 물었다우. "건강하고 오랜 부부 생활을 지속하는 데 가장 필요한 요소는

무엇일까요?" 답은 "하늘의 격려"라고 하셨다네. 난 120프로 동의한다
오. 정말이지 한 걸음도, 아니 반 걸음도 더 내딛기 싫을 때가 있습디다.
난 때로 하늘의 격려, 곧 하나님의 격려 없이는 결혼생활을 지속할 수가
없습디다. 서로의 땅끝인 남편과 아내가 철저하게 서로를 사랑하고 존경
하는 일은 수고와 눈물 없이는 불가능합디다. 그러니 그 하늘의 격려를
받기 위해서라도 우린 서로의 배우자에게 착하게 살 필요가 있을 게요.

　우리 진짜 사랑이란 걸 한번 해봅시다. 사랑은 오래 참는 것으로 시작
하고 견디느니라로 끝난다우. 그래서 그 길에 접어들거들랑 연락허우. 그
이야기는 따로 또 합시다.